Vatroslav Jagic

Das Leben der Wurzel in den slavischen Sprachen

Vatroslav Jagic

Das Leben der Wurzel in den slavischen Sprachen

ISBN/EAN: 9783743635654

Hergestellt in Europa, USA, Kanada, Australien, Japan

Cover: Foto ©Thomas Meinert / pixelio.de

Weitere Bücher finden Sie auf **www.hansebooks.com**

DAS

LEBEN DER WURZEL DÊ

IN DEN

SLAVISCHEN SPRACHEN

VON

DR. V. JAGIĆ,

WIRKL. MITGLIED DER SÜDSLAVISCHEN AKADEMIE DER WISSENSCHAFTEN IN AGRAM, CORRESP. MITGLIED DER KAIS. RUSS. AKADEMIE DER WISSENSCHAFTEN IN ST. PETERSBURG, DER SERBISCHEN GELEHRTEN GESELLSCHAFT IN BELGRAD.

WIEN

COMMISSIONSVERLAG VON CARL GEROLD'S SOHN.

1871.

C. Albrecht's Buchdruckerei in Agram.

DEM HOCHGEEHRTEN HERRN

PROFESSOR

DR. FRANZ RITTER v. MIKLOSICH

IN

DANKBARER VEREHRUNG

ZUGEEIGNET.

Die heutige Sprachwissenschaft, was ihren Ursprung so wie die wesentlichsten bisherigen Fortschritte anbelangt, gehört ganz den Deutschen an. Niemand wird diese ehrenvolle Thatsache leugnen wollen. Indessen was mehrere Decennien hindurch im Centrum Europas herrliche Früchte getragen hat, musste allmählig auf der ganzen Peripherie wohlthätige Wirkung ausüben. So geschah es denn, dass sowohl die romanischen Völker auf der einen, als die slavischen auf der anderen Seite die Principien, die Methode und die gewonnenen Hauptresultate dieser neuen Wissenschaft sich aneigneten. Auch dies ist eine nicht wegzuleugnende Thatsache. Uebrigens sind die gegenseitigen Beziehungen der beiden Nachbarn zu den in der Mitte befindlichen Deutschen sehr ungleich. Während jede geistige Bewegung der romanischen Völker, also auch die Fortschritte in den einzelnen Wissenschaften, in Folge genügender Sprachkenntnisse und lange andauernder Gewöhnung, früh genug auch von den benachbarten Deutschen beachtet und verwerthet werden, bleiben ähnliche Bestrebungen der Slaven gewöhnlich sehr lange dem übrigen Europa, speciell auch den Deutschen, gänzlich unbekannt. Von dieser Regel macht die Sprachwissenschaft keine Ausnahme; und doch darf mit Recht behauptet werden, dass in neuerer Zeit bei allen slavischen Völkern, wenn auch in ungleichem Masse, diese Wissenschaft eifrig gepflegt und die gewonnenen Resultate fremder, namentlich deutscher Forschung auf dem speciellen Gebiete eigener Sprachen weiter entwickelt werden, wobei so mancher Irrthum, der sich in die deutschen Werke wegen mangelhafter Detailkenntnisse eingeschlichen hat, stillschweigende Berichtigung findet. Wie viel deutsche Sprachforscher gibt es, die von diesem regen Streben der Slaven Notiz nehmen? Männer, wie Jacob Grimm oder August Schleicher, die auch uns Slaven gegenüber eine so wichtige und folgenreiche Stellung eingenommen hatten, sind sehr selten.

Unsererseits steht als Vermittler zwischen beiden Nationen Miklosich da, dessen gelehrte Werke sowohl den Deutschen als auch uns Slaven zur hauptsächlichen Quelle dienen, aus welcher eine reichhaltige Belehrung geschöpft wird. Auch der Verfasser dieser Abhandlung rechnet sich zur Ehre, bei Miklosich in die Schule gegangen zu sein, und von ihm die Principien dieser Wissenschaft, sowie die Methode der Forschung erlernt zu haben. Mit welchem Erfolge er beides zur Anwendung brachte, mögen jene, denen die übrigen Leistungen des Verfassers aus sprachlichen Gründen unzugänglich sind, aus dieser kleinen Abhandlung beurtheilen, deren Wahl des Gegenstandes hier mit kurzen Worten gerechtfertigt werden soll.

Zunächst wurde die Aufmerksamkeit des Verfassers auf die Wurzel de-dê (altind. dha-dhā, griech. θε-θη) durch eine etwas eigenthümliche Erscheinung seiner Muttersprache (kroatisch oder serbisch) gelenkt, in welcher einige Verba im Praesens und etlichen anderen Tempusformen neben der regelmässigen Conjugation noch eine Verstärkung mittelst der vor die Personalendungen eingeschalteten Sylbe de zeigen. So z. B. neben Praesens: imam, imaš, ima; imamo, imate, imaju sind im kroatisch-serbischen folgende Formen sehr gebräuchlich: imadem, imadeš, imade; imademo, imadete, imadu. Es war sehr nahe gelegen bei derlei Praesensformen an die griechische Praesensbildung auf θω zu denken. Aber wie so manches in der Sprache, was durch äussere Aehnlichkeit

III

besticht, so erwies sich bei näherer Betrachtung auch diese Gleichstellung als unhaltbar, indem die Geschichte der kroatischen und serbischen Sprache diese Verbalformen auf einen ganz anderen Ursprung zurückführt.

Dafür ergab die nähere Untersuchung des Lebens der Wurzel de-dê im slavischen genug andere, sehr interessanten Fälle, wo das slavische Verbum dêti im factischen Sprachzustande kaum noch als eine starre, indeclinable Partikel oder Einschaltungssylbe fortlebt. Auch da war eine Verwechselung ungleicher Fälle leicht möglich. So ist scheinbar die Imperativform kažidete (neben kažite) ganz analog dem Praesens imadete gebildet; bei näherer Prüfung jedoch zeigte sich, dass diese beiden Formen, was ihren Ursprung anbelangt, nichts gemein haben.

Gerade wegen dieser so verschiedenartigen Gebrauchsweise der Wurzel de-dê im slavischen dürfte ihre specielle Untersuchung auch fürs sprachliche Leben im allgemeinen von einigem Interesse sein, weil im Laufe der Abhandlung selbst Fälle vorkamen, die uns zu einigen verwandten Sprachen treffende Analogien an die Hand geben, so dass das eine durchs andere näher erläutert wird. Der Verfasser nimmt übrigens keinen Anstand zu bekennen, dass ihm neben dem beobachteten und angeführten noch so manche treffende Analogie aus verwandten Sprachen dürfte entgangen sein, die Andere, schärfer blickende, nachholen mögen.

Was in dieser Abhandlung der Verfasser seiner eigenen, was fremder Forschung zu verdanken hat, werden billige Beurtheiler dieser kleinen Schrift leicht aus ihr selbst entnehmen, da ja die benutzten Quellen überall gewissenhaft angeführt sind.

Bei der Transscription slavischer, namentlich altslovenischer, Beispiele mit lateinischer Schrift befolgte der Verfasser die Methode Miklosichs. Für die einzelnen lebenden slavischen Sprachen wurde mit einigen Ausnahmen ihre gewöhnliche Orthographie beibehalten, was unter Umständen noch das rathsamste schien. Eine Einigung der slavischen Sprachforscher in der graphischen Bezeichnung aller Nüancen slavischer Laute zum Zwecke ihrer wissenschaftlichen Studien würde Jedermann so wie namentlich der Wissenschaft selbst sehr zu gute kommen.

Umstände persönlicher Natur bestimmten den Verfasser diese Schrift, obwohl ihrem Inhalt nach slavisch, in deutscher Sprache abzufassen, wobei so manche Unebenheit des Ausdruckes entschuldigt werden möge.

WARASDIN am 1. September 1870.

Der Verfasser.

Die arische Wurzel d h a lebt in entsprechender Form in allen slavischen Sprachen. Weit verzweigt und auch sehr mannigfaltig gebraucht, kommt sie bald als einfaches, zusammengesetztes und abgeleitetes Verbum, bald als Substantiv oder Adjectiv, bald als Particel (Adverb und Interjection) vor; wird endlich auch als Hilfsmittel bei der Bildung einzelner Wortformen verschiedenartig angewendet. Sie liegt uns theils offen in der Sprache vor, theils steckt sie in mannigfachen Wortgebilden, deren Erklärung mitunter weit über die Grenzen des slavischen Sprachbereiches hinausführt. Die Mehrzahl der Fälle, wie diese Wurzel im Slavischen fortlebt, unterliegt in der Erklärung keiner Schwierigkeit — und von solchen Fällen wird auch in dieser kurzen Abhandlung ausgegangen, um auf der gewonnenen sicheren Grundlage weiter zu bauen: an das ganz Bestimmte und Gewisse soll sich das minder Bestimmte oder Ungewisse anreihen.

I. Die Form der Wurzel d h a.

§. 1. Ich gehe von d h a als der ursprünglichen Wurzel aus, wobei ich mich auf Schleicher's Begründung[1] dieser Annahme berufe, die jetzt wohl von den namhaftesten Sprachforschern, so von G. Curtius[2], Corsen[3], Ascoli[4], Pott[5] und anderen, gebilligt wird. Dieser so angesetzten Wurzel d h a entspricht im griechischen θε, im slavischen d e, wobei vorausgesetzt wird, dass den slavischen Sprachen die Aspiraten abgehen und durch die nicht aspirirten,

---

[1] Beiträge zu vergl. Sprachf. B. II, 92; Compendium II Aufl. § 206 Anm. 2.
[2] Zur Chronologie 21, Erläuterungen I Aufl. 116.
[3] Aussprache und Vocalismus I, 413 (2 Aufl.)
[4] Vrgl. Kuhn's Zeitschrift für vergl. Sprachf. B, XVI, 141.
[5] Indogerm. Wurzelwörterb. I, 1.

tönenden Consonanten des entsprechenden Organes ersetzt werden, dass somit dem griechischen φ, ϑ, χ im lito-slavischen b, d, g(z) gegenübersteht.[1]

Was den Wurzelvocal anbelangt, so ist nach der geistreich entwickelten Theorie G. Curtius' *(über die Spaltung des A-lautes)* das griechische oder slavische ĕ ein gar häufiger Vertreter des altindischen ă, und zwar in den Fällen, wo das griechische in Vertretung

[1] Stellt man den litoslavischen Consonantismus mit dem deutschen in Verbindung — und das müsste man thun, so bald man nach der Schleicher'schen Theorie eine germano-litoslavische Grundsprache statuiren will — so ist bei dieser Lautverschiebung folgender Umstand beachtenswerth. Die deutsche Ursprache oder deren älteste und treueste Vertreterin, die gothische Sprache, verschiebt regelmässig g, b, d in k, p, t; gh, bh, dh in g, b, d; k, p, t in kh, ph, th *(Grimm's d. Gr. Neue Ausg. I, 496—501, Gesch d. deut. Sp. 2 Ausg. 275, Rumpelt deut. Gram. 74)*. Dieser Lautverschiebung gegenüber verhält sich das litoslavische in so fern inconsequent, als es in beiden übrigen Consonantenreihen die ursprüngliche, unverschobene, Lautentwickelungsstufe innehält und an der germanisch. Lautverschiebung gar keinen Antheil nimmt; bei den ursprünglichen Aspiraten dagegen mit dem gothischen das gleiche Schicksal theilt, nemlich von dem ursprünglichen Lautbestand um eine Stufe sich entfernt hat. Wenn man nun den lito-slavischen Consonantismus mit dem deutschen in Verbindung bringt, so kann das Ineinandergehen derselben auf doppelte Weise erklärt werden: entweder nimmt man alle 3 Consonantenreihen des litoslavischen bereits für die gemeinsame germano-litoslavische Grundsprache als unveränderten Lautbestand an; da müsste das germanische bei zwei Reihen zunächst zur arischen Ursprünglichkeit zurückkehren, nur die Mediae g, b, d, bleiben ungeändert; oder man denkt sich das germanische bei allen 3 Consonantenreihen um einen Grad verschoben, in welchem Falle auch dem litoslavischen in seiner vorgeschichtlichen Entwickelungsstufe die Aspiraten zugeschrieben werden müssten. Den ersten Fall vertritt Schleicher, noch zuletzt in der russisch geschriebenen Abhandlung краткій очеркъ жизни 18, wo er ausdrücklich bemerkt: Систеъ согласныхъ славяно-литво-нѣмецкой отрасли одинаково принадлежитъ замѣна первобытныхъ придыхательныхъ gh, bh, dh звуками g, b, d. Der umgekehrte Fall muss allen jenen wahrscheinlicher vorkommen, welche selbst abgesehen von der gemeinsamen Ursprache an das Vorhandensein der Mediae Aspiratae in der germanischen Ursprache glauben. Vrgl. *Delbrück in der Zeitschr. f. d. deutsche Philologie B. I, p. 2.*

des altindischen a ein e zeigt, kehrt auch im slavischen überwiegend der Vocal e wieder, während dem griechischen o auch im slavischen gewöhnlich o gegenübersteht. Von den zur Tabelle I (106 Wörter im griechischen mit α) verglichenen 34 slavischen Wörtern zeigen circa 13 im slavischen den Vocal a, und eben so viele o, dagegen kaum 3 (auch dies wahrscheinlich entlehnt) e. In der Tabelle II, wo zu 102 griechischen Wörtern mit ε 41 slavische hinzugesetzt sind, zeigt sich im slavischen etwa bei 29 ebenfalls Vocal e, dagegen bei keinem einzigen Worte o. In der Tabelle III, wo zu 56 griechischen Wörtern mit o 23 slavische verglichen sind, erscheint bei 15 slavischen ebenfalls o, dagegen kaum in einem einzigen e. Dieses merkwürdige numerische Verhältniss beweist, dass das dem altindischen a entsprechende griechische e im slavischen regelmässig ebenfalls durch e wiedergegeben wird. Es steht ferner folgendes Lautverhältniss fest: altind. ă: altind. ā = slav. ĕ: slav. ē, d. h. in Worten ausgedrückt, man erwartet dem slavischen kurzen e gegenüber eben so ein langes e, wie im altindischen ā dem kurzen ă entspricht. Dieses lange e hat Schleicher im slavischen ê (ѣ) wiedergefunden[1]. Demnach steht dem altindischen d h ā sowol im griechischen ϑη, als auch im slavischen d ê (дѣ) ganz regelrecht zur Seite.

§ 2. Die Wurzel d e, so weit sie in den slavischen Sprachen selbständig auftritt, kann doppelte Gestalt annehmen: entweder mit

[1] Beiträge etc. B. II, 123. Da jedoch diese Dehnung des slavischen e in ê als etwas verhältnissmässig neues, und nicht weit hinauf bis in die Zeiten vor der Sprachtrennung reichendes angesehen wird (auch Schleicher nennt dieses ê secundär und jünger), so hält es Miklosich (nach briefl. Mittheilung) für wahrscheinlicher, das slavische d ê von d i abzuleiten. Dann müsste man in d i gegenüber d h a eine Schwächung des Wurzelvocals oder einen Uebergang aus a-Reihe in i-Reihe annehmen, was bekanntlich in den drei nordöstlichen Sprachfamilien des Indoeuropäischen ziemlich häufig statt findet (vrgl. *Schleich. Comp. § 83*). Eine unverkennbare Unterstützung findet diese Erklärungsweise an der Wurzel s t a, welche auch als s t i anzusetzen ist, da neben s t a t i auch s t o j a t i vorkommt, so wie im altind. neben s t h a noch s t h i in sthitá (= gr. στατό), ja selbst bei unserer Wurzel d h i t á (= gr. ϑετό), vrgl. *Benfey in Kuhns Zeitschr. VIII, 5.*

dem verlängerten Wurzelvocal als d ê, oder reduplicirt als d e d e; bei der letzteren Form unterliegt der vocalische Auslaut einigen Aenderungen. Ich nehme an, dass d e zu d e d e und nicht etwa d ê zu d e d ê reduplicirt wurde, wie es Schleicher[1] und Miklosich[2] vorauszusetzen scheinen; ich lasse mich dabei von der Analogie der zweiten reduplicirten Wurzel d a leiten, welche ebenfalls in der reduplicirten Form als d a d a und nicht etwa als d e d a zum Vorschein kommt. Diese Erklärungsweise wird auch durch das litauische bestätigt, indem daselbst Wurzel d e zu d e d e reduplicirt wird, so wie die in u-Reihe umgeschlagene Wurzel d u[3] in reduplicirter Form d u d u lautet. Ohne Reduplication wird so wohl bei d e als bei d u der Wurzelvocal verlängert, also d ê und d û; diese Verlängerung gilt zugleich in einigen grammatischen Formen als Ersatzdehnung für das ausgefallene d der reduplicirten Wurzeln d e d und d u d[4].

Von den beiden nächst verwandten arischen Sprachen, der litauischen und slavischen, zeichnet sich bei der Wurzel d e die litauische durch grössere Alterthümlichkeit wenigstens einiger grammatischer Formen aus. Daselbst werden von der reduplicirten Wurzel d e d e nach Abfall des vocalischen Auslautes einige Formen des Praesens von d e d mit unmittelbarer Hinzufügung der Personalendungen gebildet, so 1pers. d e d m i, nach Ausfall des d vor m und Dehnung des e in ė: d ė m i; 3pers. sing. d e d t (statt der volleren Form d e d t i), daraus nach bestimmten Lautgesetzen: d e s t; in medialer Form vollständiger d e s t i-s; endlich 2pers. dual. und plur. d e d t a, d e d t e, daraus nach den Lautgesetzen: d e s t a, d e s t e. Hätte die slavische Sprache derlei Praesensbildungen aufzuweisen, so würden sie nach der Analogie von d a m ь, d a s i, d a s t ь folgendermassen lauten müssen: d ê m ь (d. h. d e d m ь), d e s i (für d e s s i statt d e d s i), d e s t ь (statt d e d t ь) u. s. w. Doch im sla-

---

[1] Formenlehre 356.
[2] Vergl. gr. I § 167, p. 126.
[3] Zur litauischen Wurzel d u statt d a vergleiche im Zend ebenfalls d u neben d ā, Justi, handb. 157.
[4] Vrgl. Schleicher Comp. 797, etwas abweichend lit. gramm. 253; Curtius Erläuterungen I Aufl. 102.

vischen kommen bei dieser Wurzel derlei Formen einer sogenannten bindevocallosen Conjugation gar nicht vor; es wird vielmehr für Praesens an die Wurzel d e d die Sylbe jo/je angesetzt und daraus ein Praesensstamm d e d j o/e, d. h. nach den slavischen Lautgesetzen d e ž d o/e gebildet [1]. Man könnte zwar auch auf eine andere Art zur Erklärung der slavischen Praesensformen d e ž d ą, d e ž d e š i, d e ž d e t ь, gelangen, indem man die reduplicirte Wurzel d e d e in ihrem Auslaut zu d e d i abgeschwächt sich dächte; indessen es scheint, dass wir zur solchen Erklärung eben so wenig berechtigt sind, als wenn man den Infinitivstamm p i s a behufs Praesensbildung zu p i s i abgeschwächt werden liesse. Nur so viel steht fest und kann mit treffenden Analogien aus der Geschichte der slav. Conjugation beleuchtet werden, dass bei den Infinitivstämmen die auf a auslauten, immer mehr die Praesensbildung mit hineingefügtem j umsichgreift, oder mindestens der Gebrauch zwischen der einen (ohne j) und anderen (mit j) Form schwankt [2]. So ist denn auch das slavische Praesens d e ž d ą, d e ž d e š i, d e ž d e t ь u. s. w. von dem gewöhnlichen litauischen d e d ù, d e d ì, d è d a nur durch die Hinzufügung des j vor dem sogenannten Bindevocal unterschieden. Genau dem slav. Praesens d e ž d ą würde im litauischen die daselbst nicht vorkommende Form d e ž d ù entsprechen, so wie das litauische Praesens d e d ù, d e d ì, d è d a ins slavische übertragen folgendermassen lauten müsste: d e d ą, d e d e š i, d e d e t ь. Diese parallel laufenden hypothetischen Formen der slavischen und litauischen Sprache führe ich darum an, um den geringen Abstand der factisch vorhandenen Praesensformen in beiden Sprachen anschaulich zu machen. Das slavische d e ž d ą verhält sich zum litauischen d e d ù gerade so, wie im slavischen selbst das Praesens k o l j ą, s t e l j ą (Infinitiv k l a t i, s t l a t i) zu Praesens κοvą, berą (Infinitiv z v a t i, b r a t i). Man kann auch auf das Praesens ž ь n j ą, ž ь n j e š i statt ž ь n ą, ž ь n e š i gegenüber dem Infinitiv ž ę t i hinweisen [3].

[1] Nach Schleichers V. Classe, Comp.² 794.
[2] Miklosich Form. § 229.
[3] Miklosich Form. § 159,

§ 3. Neben dem einfachen deždą, welches auch in dieser 1 pers. sing. nachgewiesen werden kann, kommen reduplicirte Formen sowol im Praes. Indicativi als im Imperativ noch bei folgenden Zusammensetzungen vor:

iz deždą: izdežet sja (Russismus statt: izdeždetъ sę) otъ podъzemnago plata (wird hervortauchen oder emporsteigen von der unterirdischen Sphäre) *Vost. II, 104.*

naderdą: nadeždimъ führt *Mikl. Form.* § *167* an, in seinem Lexicon nicht belegt.

oderdą: vasъ oderdątъ rizy, mene že prav'da (euch kleiden die Kleider, mich aber die Gerechtigkeit) *supr. 14*; ašte bo sę tebê ne ispovêdê, vъ novyi človêkъ ne oderdą sę (denn wenn ich nicht dir beichte, werde ich mich nicht in den neuen Menschen kleiden) *ib. 262;* ne pьcête sę ubo glagoljąšte· čto êmъ, li čto piemъ, li čimъ oderdemъ sę (sorget also nicht, redend· was werden wir essen oder was trinken oder was anthun) *assem. 49.*

prioderdą: ne priodeždeši jego (ne occultes eum) *pent. mih.*

sъoderdą: sъoderdi se zakonъnyihь rubь (ziehe aus die Kleider) *men. mih.*

poderdą: ne reče· ašte ne vъložju, nь ašte ne poderdu (er sprach nicht· wenn ich nicht hineinlege, sondern wenn ich nicht hineinstecke) *hom. mih. 66.*

sъderdą: nachweisbar in altserbischen Quellen, so: sêna da kosi dьnь i zdegje (altslov. sъdeždetь): dass er einen Tag Heu mähe und es aufschobere *danič. rječ. III, 234.*

vъderdą: vdežeši (statt vъdeždeši) *Mikl. s. v. vъdêti*; ne vъždežutъ (statt vъdeždątъ) vyę svoeę (μὴ ἐμβάλωσι τὸν τράχηλον αὐτῶν) *syn. 1, 93.* Von diesem Verbum führt Vostokov eine eigenthümliche passive Participialform an: vъdežденъ (I, 101), die nur von dedi oder deždi gebildet werden könnte. Es kommt auch wirklich ein Verbum oderditi vor, welches man entweder als Denominativum von oderda ableiten, oder noch eher das ganze Wort mit Miklosich als falsch gebildet ansehen muss. Um so weniger kann man vъdežденъ billigen, oder gar seinetwegen ein Verbum vъderditi aufstellen.

vъzdеždą: vъ noštehъ vъzdеždête ruky vašja (in noctibus extollite manus vestras) *psalt. petrop.*; regelmässiger wird derselbe Imperativ in *bon.* durch vъzdеždate ausgedrückt. zadеždą: zadеždutъ jemu 100 siklь (ζημιώσουσιν αὐτὸν ἑκατὸν σίκλους) *pent. mih.*, vergl. *op. I, 19*.

Es ist zu bemerken, dass all' die hier aufgezählten reduplicirten Verbalformen so wohl beim einfachen als auch beim zusammengesetzten Verbum nur in der ersten, ohne Zweifel ursprünglichen Bedeutung der Wurzel de als ponere, locare, in-dere mit dazugehörigen von den Praepositionen bedingten Modificationen gebraucht werden, während die beiden übrigen Hauptbedeutungen derselben Wurzel (wovon weiter unten) blos auf die von dê regelmässig abzuleitenden Sprachformen beschränkt sind. Man findet allerdings dêją und ähnliche, einfache und zusammengesetzte Praesensformen auch in der ursprünglichen localen Bedeutung „ponere" sehr oft angewendet, nie aber wird man die Form dеždą sammt Zusammensetzungen in der Bedeutung facere, agere oder loqui gebraucht vorfinden. Es ist somit das Praesens dеždą nicht nur extensiv, sondern auch intensiv in sehr enge Schranken gebannt, es ragt als etwas mit knapper Mühe aus dem grauen Alterthum gerettetes hervor.

Auch von den Nominalbildungen, denen die reduplicirte Wurzel ded zu Grunde liegt, gibt es gar wenige, im ganzen zwei, nemlich: nadežda (spes) und odežda (vestis); z. B. oni že sątъ vъ mirê ašte i prêd licemъ človêkomъ mąčišą sę, ną nadežda ihъ besmrъtija isplъnь (sie aber sind im Frieden, wenn sie auch vor dem Antlitz der Menschen gemartert wurden; denn ihre Hoffnung ist erfüllt von Unsterblichkeit) *srezn. slav. pam. 345*; mъnozi vlъci obьhodętъ vъ oděždahъ ovьčahъ, ovьčę ubo odeždę imąšte (viele Wölfe gehen in Schafskleidern herum, indem sie zwar Schafskleider an haben.) *ib. 190*. Dazu gehören noch die davon abgeleiteten Adjectiva: nadеždьnъ (speratus), odеždьnъ und svêtloodеždьnъ (λαμπρόστολος) vid. *lex. Mikl. et Vostok.* (I Beilage).

§ 4. Ausser den aufgezählten Formen des Praesens Indicativi und Imperativ, alles übrige fehlt der reduplicirten Wurzel ded und wird von dê aus gebildet. Das zweite Praesens lautet also mit Hinzufügung des so genannten Bindevocals o/e oder mit anderen Worten vom Praesensstamme dêjo/e gebildet folgendermassen: dêją, dêješi, dêjetь etc., und stimmt ganz zu dem lettischen, allein noch üblichen Praesens: déju[1]. Mit Hinblick auf die ganz unzweifelhaften Analogien eines lêją, smêją (von der Wurzel li, smi) oder ková, slová (von der Wurzel ku, slu) kann ich nicht Schleicher beistimmen, der die Praesensbildung bei dê und einigen anderen Wurzeln statt zu I^b und II^b seiner Classification (oder zu I. und VI. Classe nach der altindischen Grammatik) zu V, 3 rechnet[2].

Dem Praesensstamm dêjo/e gegenüber kommt der zweite, Infinitivstamm in doppelter Weise vor, entweder als reine Wurzel dê (dêti) oder als dêja (dêjati). Vom slavischen Standpunkte aus ist jedoch nichts gewöhnlicher, als dass das zwischen zwei Vocalen zur Vermeidung des Hiatus stehende j mit v vertauscht werde. Dies geschah nach meiner Ansicht in Folge der Verwechslung der i- und u-Vocalreihe in ihrer Steigerung zu ej (= ê) oj und zu ov, av[3]. Daher kann der zweite Stamm statt dêja auch dêva lauten; dann macht sich dieser zweite Stamm dêva mit Hinzufügung des Bindevocals o/e auch als Praesensstamm dêvajo/e geltend.

Dergleichen Verba sind:

dêti und dêjati-dêją (agere, dicere) und dêvati-dêvają (peragere, ponere).

dodêjati sę-dodêją sę (molestum fieri) und dodêvati-dodêvają (wahrscheinlich in derselben Bedeutung): beide Verba werden mit dem Dativ der Person construirt.

[1] Bielenstein lett. Sprache I, 366.
[2] "Compendium" 794.
[3] Das litauische und lettische stehen darin auf älterem Standpunkte einer genaueren Scheidung *(vergl. Bielenstein I, 188; Schleicher I, 64)*. Aber auch im slavischen haben sich mitunter Ueberreste ursprünglicher Regelmässigkeit erhalten. Man sagt z. B. podavati neben podajati, pomavati neben pomajati, stavati sę neben stajati sę, porěvati neben porějati u. s. w., aber nur byvati (doch im heutigen serbischen bereits dobijati neben dobivati), sъkryvati, umyvati, oder okavati, plavati, osnavati usw.

izdêti und izdêjati-izdêją und izdêvati-izdêvają (efferre).

nadêjati sę-nadêją se mit dem Dativ der Person oder mit den Praepositionen къ und na (sperare). Ein nadêvati sę in entsprechender Bedeutung kommt im altslovenischen gar nicht vor. Merkwürdigerweise existirt das Substantiv nadežda (spes) ohne das betreffende Praesens nadeždą sę. Von nadêjati sę kommt das zusammengesetzte Verbum vъznadêjati sę.

odêti und odêjati-odeją und odêvati-odêvają (vestire). Eben so doppelt odêjalo und odêvalo, priodêjalo und priodêvalo. Man vergleiche noch izodêjati (exuere) und zaodêjati (defendere).

pridêti und pridêjati-pridêją (admovere, addere) und pridêvati-pridêvają (idem).

sъdêjati-sъdêją und sъdêvati-sъdêvają (operari, conficere). Vergl. nazdêjati (statt nasъdêjati) und diesem gegenüber nazdavati (statt nazdêvati oder nasъdêvati).

udêjati-udêją sę, nach der richtigen Bemerkung Miklosichs ein russisches Wort (fieri).

vъdêjati-vъdêją (inicere) — ohne Beleg für vъdêvati.

vъzdêjati-vъzdêją und vъzdêvati-vъzdêvają (tollere).

zadêjati-zadêją und zadêvati-zadêvają (imponere).

§ 5. Praesens dêvają ist gegenüber dêją als Intensivum zu betrachten. Wir sollten eigentlich eben so ein dreifaches Praesens: dêją, dêjają und dêvają haben, wie wir einen dreifachen Infinitiv wirklich in der Sprache vorfinden, nemlich: dêti, dêjati, dêvati; doch ist im Praesens die mittlere Form dêjają ausgefallen. Statt dessen ist für's Praesens eine andere Form erwähnungswerth. Bereits in Freisinger-Fragmenten *(ed. Cloz. Kopitar 1, 26*; *chrestom. Mikl. 52)* liest man: acose ti mi zadenesi acose tua milozt i tebe liubo, d. h. jako že ty mi zadênešь i jako že tva milostь i tebê ljubo (quemadmodum tu mihi impones et prout tua gratia tibique libet). Diese altkarantanische Praesensform zadênešь muss auf altslovenisches zadêneši zurückgeführt werden, zeugt also für die sehr frühe Hinneigung vieler slavischen Verba zu dem mit n verstärkten Praesens, welches wohl der 5. altindischen Classe am nächsten kommen dürfte[1]. Uebrigens ist es noch gar nicht nothwendig, aus der Praesensform zadêneŝь einen Infinitiv zadênąti zu folgern; denn neben dem Praesens zadêną-zadênetь kann ursprünglich noch eben so gut Infinitiv zadêti bestanden haben, wie im heutigen serbischen neben dem mit n verstärkten Praesens padnem Infinitiv noch regelmässig pasti lautet. Derlei Analogien sind im litoslavischen Sprachzweige sehr zahlreich vorhanden[2]: die Form des Infinitivs richtet sich sehr oft nachträglich nach der Analogie des Praesens.

Das Verbum dêjati lebt noch in einer Anzahl meist nach griechischem Muster gebildeter Denominativa: blagodêjati (εὐεργετεῖν), dobrodêjati (idem), zlodêjati (κακουργεῖν), ljubodêjati (μοιχεύειν), vrgl. auch vъzljubodêjati, izljubodêjati (ἐκπορνεύειν, exfornicari Vost. beil. 1), preljubodêjati (moechari), čarodêjati (artes magicas exercere), čudodêjati (θαυματουργεῖν).

II. Wurzel dha in den verwandten arischen Sprachen.

§ 6. Alle arischen Sprachen, in denen die Wurzel dha (dhâ, θε, θη) vorkommt, stimmen in einigen Hauptbedeutungen derselben vollkommen überein; namentlich gilt als erste Bedeutung derselben: ponere, locare; ferner sumere, tribuere, facere, efficere.

Im altindischen stellt das Petersburger Wörterbuch als nächste Bedeutung: setzen, legen, stellen, auf. Z. B. *rv. 10, 18, 4*: imam džīvēbhjaṣ paridhim dadhāmi. Was sich setzt, das liegt, z. B. *rv. 1, 24, 4*: jaṣ čit hi tō itthā bhagaṣ çaçamānaṣ purā nidaṣ adveśaṣ hastajoṣ dadhē (Benfey's Uebersetzung[3]: denn welcher Segen irgend recht unangefeindet und von Neid befreit in deinen Händen

[1] Schleicher kirchneslaw. Form. 351.
[2] Man vergleiche im lettischen Verba der III, 2. Classe, z. B. sî-n u (Inf. sî-t), au-n u (infin. au-t). *Bielenstein 1, 354*. Aehnlichen Vorgang in einem litauischen Dialecte bespricht Schleicher zu Donaleitis p. 336.
[3] Vrgl. Or. und Occ. I p. 33.

ruht). In mehr geistiger Bedeutung entspricht es dem lateinischen: animum adverto, decerno, z. B. gamanāja manō dadhu͞ rish. *1, 9, 40.* Dann bedeutet es: jemanden etwas verleihen, verschaffen: balam dadhāmi (verleihe die Kraft) *Lass. anth. sanscr. 75, 14.* Endlich ist anzuführen die Bedeutung: machen, schaffen, zeugen, z. B. jadi va dadhē jadi va na (that er 's oder nicht) *rv. 10, 129, 7.* Vergleiche *Böthlingk et Roth Sanskr. Wört. III, 901—904; Bopp Gloss. s. v., Westergaard rad. 8.*

Im altbactrischen ist die vorherrschende Bedeutung des einfachen Verbums: thun, schaffen, seltener: setzen, legen. *Vrgl. Justi Handb. 151 s. v. dâ 2.* Uebrigens kehrt die ursprüngliche Bedeutung: legen, in vielen Zusammensetzungen wieder; so mit a i v i oder a i b i, entsprechend dem altindischen a b h i (slavisch o b ъ oder o b ь). Mit dieser Praeposition zusammengesetzt bedeutet das altbactrische Verbum ganz dasselbe, wie im slavischen o d ê t i, als Particip a i v i d h ā t a (= o d ê t ъ). Derselbe Fall findet statt bei der Zusammensetzung mit n i (entsprechend dem slavischen n i z-), z. B. n i d ā m ā (deponamus). Aus phonetischen Gründen war es im Zend sehr leicht, die beiden Wurzeln d a und d h a zu vermischen, welcher Fall, wie wir gleich sehen werden, auch im lateinischen und theilweise slavischen eingetreten ist. [1]

Im griechischen lebt unsere Wurzel so wohl im Verbum τίθημι sammt allen seinen Zusammensetzungen (ἀνατίθημι, ἀντιτίθημι, ἀποτίθημι, διατίθημι, ἐντίθημι, ἐκτίθημι, ἐπιτίθημι, κατατίθημι [sammt παρακατατίθημι, συγκατατίθημι], μετατίθημι, παρατίθημι, περιτίθημι, προτίθημι, προστίθημι, συντίθημι, ὑπερτίθημι, ὑποτίθημι), als in den verschiedensten Nominalbildungen: θέμα, θέσις, θεσμός, θέμις, θεμέλιον, θήκη, -θημα, -θημων, -θημοσυνη, -θετος, -θετικος. Die Bedeutungen: setzen, stellen, legen, erhalten sich in dieser Sprache sehr constant; dennoch gibt es Wendungen, wo dasselbe Verbum τίθημι sehr nahe an der anderen Bedeutung: machen, thun, vorüberstreift, z. B. *od. 10, 338:* σῦς θεῖναι ἑταίρους (Freunde zu Schweinen machen, d. h. in

---

[1] Vergl. Burnouf's Auseinandersetzung angeführt bei Pott Wurzelwörterbuch I, 145.

Schweine verwandeln), oder *Xen. kyr. 4, 6, 3:* εὐδαίμονα τιθέναι τινὰ (jemanden glücklich machen) etc. Bekannt ist der Uebergang des Wortes θέσις von Satz zum Spruch, wozu die slavischen Sprachen weiter unten treffende Analogien liefern werden.

§ 7. Es wäre sehr auffallend, wenn diese so allgemein verbreitete arische Wurzel bei dem italischen Völkerstamme gar nicht vertreten wäre. Schon in der ersten Auflage seiner etymologischen Forschungen hatte Pott wenigstens c r e d o zu unserer Wurzel gezogen, indem er es als zusammengesetzt auffasste und dem altindischen c r a d d a d h ā m i (fidem pono) gleichstellte[1]. Bopp[2], welcher die erste Entdeckung dieser Verwandtschaft A. W. Schlegel zuschreibt, findet unsere Wurzel in folgenden lateinischen Zusammensetzungen: c r e d o, p e r d o, a b d o, c o n d o, v e n d o und p e s - s u m d o. Dieser Ansicht blieb Pott auch späterhin treu[3] und G. Curtius hat auch im Grunde nichts dagegen einzuwenden, indem er noch in der neuesten Auflage seiner Grundzüge[4] also spricht: „so nehmen wir lieber an, dass die beiden W, da und dha auf italischem Boden in der Zusammensetzung in einander wuchsen." Allein G. Curtius geht noch weiter, und bringt mit der griechischen Wurzel θ ε (slav. d e) auch die lateinischen Wörter f a m u l u s, f a - m i l i a, f a c i o und f i o in Verbindung. Diese Zusammenstellung basirt namentlich auf dem schwer abzuweisenden Zusammenhang des oskischen f a a m a t[5], aus welchem ein Substantiv f a a m a erschlossen wird, mit dem altindischen d h ā m a n, das nicht nur Wohnstätte, Heimath, sondern auch Hausgenossenschaft bedeutet[6]. Von fama wird dann f a m u l u s und f a m i l i a abgeleitet, wie es

---

[1] Pott's Etym. Forschungen I. Aufl. I, 187.

[2] Bopp Vergleich. Gramm. 2 Aufl. II, 520*, vrgl. auch Glossarium ed. III. p. 200.

[3] Vrgl. Indogerm. Wurzelwörterbuch I, 106, 144.

[4] G. Curtius Grundzüge der griech. Etymologie III. Aufl. p. 239.

[5] Als Verbum in der Bedeutung habitat erklärt von Mommsen, vrgl. Kuhn's Zeitschrift für vergl. Sprachforschung V, 130.

[6] Böthlingk et Roth sanskr. Wört. III, 942.

Corssen zugibt[1]. Dieser Vergleichung Curtius' stimmen A. Kuhn[2], welcher noch f a b e r beibringt, und Ascoli [3] bei. Dagegen widersetzt sich dieser Zusammenstellung Corssen hauptsächlich darum, weil „sich bisher kein Beispiel gefunden hat, wo Wörter derselben Wurzel im latein. mit f und d anlauteten." Dieser Einwand gewinnt allerdings an Bedeutung dadurch, dass es sich hier erstens um eine in allen arischen Sprachen sehr bekannte Wurzel handelt, wo es etwas sonderbar wäre neben der bekannten Vertretung in -d o noch das räthselhafte Verbum f a c i o von derselben Wurzel abzuleiten; ferner dass es wenn man mit Curtius f i o in etymologischen Zusammenhang mit f a c i o bringt, sehr schwer käme, f i o von φύω (slav. b y t i) zu trennen. Allein wenn man schon durch die Einwendungen Corssen's gegen die Curtius'sche Erklärung dieser Wörter einigermassen schwankend wird[4], um so weniger wird man von der von Corssen beigebrachten Erklärung befriedigt, bei der sich selbst seine eigene Unentschlossenheit dadurch kund gibt, dass er Aussprache I[2] 800 seine frühere, obwol „nach Laut und Bedeutung gerechtfertigte Erklärung" durch eine andere „und näher liegende" ersetzt, die nach meinem Dafürhalten noch weniger Beifall finden dürfte als die erste.

Auf dem Gebiete der germanischen Sprachen ist unsere Wurzel im althochdeutschen t u o n, altsächsischen d ô n, altfriesischen d u a n enthalten[5]. In der gothischen Sprache kommt das Verbum selbst nicht vor, es haben sich aber einige Nominalbildungen, davon abgeleitet, erhalten, so; g a d ê d s (eigentlich g a - d ê - d i - s), althochd. g i t â t, k i t â t, k a t â t, altsächs. g i d â d, und m i s s a d ê d s (Stamm m i s s a d ê d i) althochd. m i s s i t ä t, m i s s i d â t, alts. m i s d â d; ferner v a i l a d ê d s (althochd. w o l a t â t, w o l e t â t), und v a i d ê d j a (Stamm v a i d ê d j a n) λῃστής, der Weh verursacht, vrgl. das

---

[1] Beiträge zur lat. Formenlehre 184, Aussprache und Vocalismus I[2] 143.
[2] Zeitschrift für vergl. Sprachforschung XIV, 230.
[3] Zeitschrift f. vrgl. Spr. XVII, 336.
[4] Vrgl. auch Schweizer-Siedler in Zeitschr. f. vrgl. Sprf. XVIII, 298.
[5] Vrgl. Schade Wörterbuch 616.

slavische z l o d ê j. Von dieser Wurzel ist auch das gothische Substantiv d ô m s (Stamm d o m a), althochd. t u o m, t ô m, t o a m, d u a m, d u o m, altsächs. und angls. d ô m (That, Werk, Macht, Würde, Stand, Urtheil, Meinung, Sinn) abzuleiten [1], welches Leo Meyer [2] durch die Erläuterung „Satzung, Satz" mit dem griechischen θέμα und θέμις in Verbindung bringt. D ô m a ist mit dem Suffix m a von der Wurzel d ô (statt d h ā) gebildet [3]. Von Nomen d ô m a ist das Verbum d ô m j a n (urtheilen, meinen) abgeleitet [4], sammt den Zusammensetzungen: a f d ô m j a n (verurtheilen), b i d ô m j a n (beurtheilen), g a d ô m j a n (vergleichen, urtheilen) : endlich die beiden Substantiva a f d ô m e i n s (Stamm a f d ô m e i n a) Verurtheilung, und f a u r d ô m e i n s (Vorurtheil). [5]

Mit dem gothischen d ô m a - d ô m j a n vergleicht Miklosich das slavische d u m a-d u m a t i und zwar hält er so wohl die slavischen als auch die lito-lettischen Formen dieses Wortes (d u m o t i - d u m o j u) für entlehnt aus dem deutschen [6]. Betreffs des litauischen scheint auch Schleicher diese Meinung zu theilen, indem er im Glossar zu Donaleitis neben dem litauischen Verbum die slavische (russische) Form hinzusetzt, als wahrscheinliche Quelle aus welcher jenes Wort unmittelbar ins litauische geflossen sei [7]. Dieser Ansicht entgegen glaubt Matzenauer [8] den slavischen Ursprung des Wortes d u m a und d u m a t i in Schutz nehmen zu müssen, ohne jedoch irgend etwas überzeugendes vorbringen zu können. Die Bemerkung Miklosichs „die Media in dumati spricht für Entlehnung aus dem gothischen" gegen welche Matzenauer polemisirt, ist nicht so aufzufassen, als wäre dem Miklosich unbekannt, dass das ursprüngliche dh im gothischen so wie im slavischen regelrecht durch d ver-

---

[1] Schade Wörterbuch 615.
[2] L. Meyer die gothische Sprache § 113.
[3] L. Meyer a. a. O. § 252, 456.
[4] L. Meyer a. a. O. § 294.
[5] Vrgl. noch Diefenbach got. Wörterbuch II, 648.
[6] Miklosich lex. s. v. und slav. Fremdwörter s. v.
[7] Schleicher Donaleitis 188.
[8] Cizí slova I, 28.

treten wird; vielmehr Miklosich wollte damit nur die ganz bestimmte Entlehnung aus dem gothischen und nicht etwa aus dem althochdeutschen andeuten. Ich betrachte also mit Miklosich das Wort d u m a als entlehnt aus dem gothischen schon wegen vielfacher Schwierigkeiten, auf die man bei etwaiger Ableitung des Wortes aus der Wurzel d û stossen muss. Es ist nemlich sehr bedenklich neben dem unstreitig auf die Wurzel d h ū (gr. θυ, slav. d y-d u) zurückzuführenden d y m ъ (vrgl. auch das slav. Verbum d u-n ą-t i) auch noch d u m a davon ableiten zu wollen, wie es Bopp[1] gethan hat. Potts Vermuthung, dass d u m a Compositum von u m a s (u m ъ) wäre, muss natürlich ganz entschieden zurückgewiesen werden; ja er berichtigt sich theilweise selbst[2].

§ 9. Die allernächste Verwandtschaft mit dem slavischen zeigt auch bei unserer Wurzel das litauische und lettische. Im litauischen bedeutet das Verbum d ĕ t i im ganzen und grossen dasselbe, was im slavischen d ê t i; also zunächst: legen, stellen. Z. B. lentą per grabą dėti (das Brett über den Graben legen), szėnus į vežimą dėti (Heu in den Wagen legen, slavisch: sêna vъ vozъ dêti), po akių dėti (vor Augen legen, slavisch: prêdъ oder na oči dêti), ranką ant galvos dėti (Hand aufs Haupt legen, rąką na glavą dêti) usw.[3] Mediale Form d ĕ t i-s bleibt derselben Bedeutung treu, wie im slavischen d ê t i s ę, also: sich hinthun, hinlegen, verlegt werden, verschwinden. Z. B. kur desius? slav. kamo se deždą? Endlich gleicht dem slavischen noch die Bedeutung: geschehen: kas ponu dvarůse destis: čьto (vъ) dvorêhъ gospody dêjetь sę[4].

In den Zusammensetzungen wiederholen sich dieselben, nur durch einzelne Praepositionen modificirten Bedeutungen, wobei die Uebereinstimmung mit dem slavischen sehr häufig statt findet. Z. B. a p dĕti gleicht dem slav. o dêti, sėnas apdėti[5] würde man

---

[1] Vergl. Gram. III, p. 179*.
[2] Pott indogerm. Wurzelwörterbuch I, 171 und 1072.
[3] Vrgl. Nesselman lit. Wörterbuch 132, Schleicher Donaleitis glossar, Kurschat deutsch-lit. Wörterb. s. v. Auflagen.
[4] Schleicher Donaleitis 183.
[5] Kurschat deutsch-lit. Wört. s. v. bekleiden.

auch russisch sagen: odětь stěny¹. So ist i d ê t i das slavische v ъ-
d ê t i, i s z d ě t i slav. iz d ê t i in der Bedeutung: die Waare (zum
Verkauf) auslegen, vrgl. donьdeže kuplju izdějutь; im litauischen
bedeutet i s z d ě t i sehr oft: verzieren (mit eingelegter Arbeit):
stalą cedromis iszděti (den Tisch mit Ceder verzieren d. h. auslegen); p a d ě t i neben hinlegen bedeutet auch helfen, z. B. vo kas
mums padės broliu gedéti? taj asz padėsiu broliu gedéti (o wer wird
uns helfen, den Bruder zu beweinen? O ich werde 's helfen den
Bruder zu beweinen) *jušk. 9*; p r a d e d u bedeutet anfangen: jau
senej ne dabar kajp pradėjau augti (schon lange ist's, nicht jetzt,
als ich anfing zu wachsen) *jušk. 39*; p r i d ě t i stimmt zu dem slav.
p r i d ê t i (z. B. ugniei malkos pridéti, Holz an's Feuer legen); s u-
d e d u bedeutet zusammenlegen, häufen, einpacken, so wie im kroat.
serb. das entsprechende Verbum s a d j e s t i (z. B. sijeno, aufschobern das Heu), u ž d ě t i gleicht dem slav. v ъ z d ê t i (auflegen, auf-
setzen): vainiką ant galvos uż-si-děti (вѣньcь на głavą [si] vъzdêti).

Im lettischen wird das Verbum d é t-d é j u par préférence für
das legen der Eier von der Henne gebraucht; aber auch für das
füllen der Wurst würde man denselben Ausdruck gebrauchen, wozu
als Parallele das kroatische Substantiv d ê v e n i c a (Wurst) angeführt werden mag. Vielleicht steht auch das litauische Wort d e-
s z r a (Wurst) im Zusammenhang mit der Wurzel d e d? Mulier
effeta wird im lettischen durch das Particip i z d e d e j u s i bezeich-
net², so wie man im litauischen der Henne, welche aufgehört hat
Eier zu legen, das Epitheton i s z d ė j u s i v i s z t a beilegt. Eine
hübsche Parallele dazu bietet im kroatisch-serbischen das Verbum
z a d i j a t i s e (altslov. wäre z a d ê j a t i s ę), gebraucht vom Kinde,
welches im Schosse der Mutter empfangen worden ist: zadijalo se
dijete (conceptus est filius sive filia).

Neben d é t lebt im lettischen das Intensivum d é d i n á t, von
Bielenstein³ also erklärt: „oft setzen, z. B. eine Henne auf Eier,

¹ Dalь tolk. slov. s. v. odêvatь.
² Nach Pott Wurzelwörterbuch I, 153.
³ Lettische Sprache I, 424.

damit sie brüte. Anders gebildet ist das Verbum dêstit (pflanzen), angeführt bei Bielenstein [1].

III. Wurzel de (dê) in den slavischen Sprachen als selbständiges Verbum.

Von der altslovenischen Sprache ausgehend können wir durch alle slavischen Dialecte drei Hauptbedeutungen der Wurzel de (dê) nachweisen: 1. legen, setzen, stellen (ponere, collocare), 2. thun, schaffen, machen (facere, agere), 3. sprechen, reden (loqui, dicere). Es sollen diese drei Bedeutungen nach der Reihe durchgenommen werden.

1. Verbum dêti in der Bedeutung: legen, setzen, (ponere, locare).

Diese Bedeutung kann im altslovenischen durch solche Beispiele erläutert werden: kamo jesi dělь dьšterь (quo abstulisti, eigentlich posuisti, filiam) *hom. mih.*, kamo imamy dêti sьsudy (wo sollen wir die Gefässe hinlegen) *men. vuk.*, kamo dêše gospodina (wo legten sie den Herrn nieder) *greg. lab.* (Beispiele aus Mikl. lex. s. v. dêti). Aus der heiligen Schrift: i азъ kamo dežju (statt deždą) bezъočьe moe: καὶ ἐγὼ ποῦ ἀποίσω τὸ ὄνειδός μου.

Dem entsprechend ist die passive Bedeutung: i vrьhove oboimь stlьpromь otimutь se i nikьtože poznajetь, kamo dêše se (und die Spitzen beider Thürme werden abgenommen und Niemand weiss es, wo sie hin geriethen) *prol. rad. 2*; kamo sja dê otьrêzanaja gospodьnja plьtь (wo kam der Leichnam des Herrn hin) *zborn. 1073 vost.*

Dieser ursprünglichen Bedeutung des Verbums dêti sind in einigen heutigen slav. Sprachen kaum noch spärliche Ueberreste geblieben. Im heutigen polnischen lebt fast nur noch die passive Form, z. B. in Fragesätzen: gdzie się dział? (wo ist er hingerathen?). Auch in diesem Sinne ist das Compositum podzieć się gebräuchlicher; z. B. wiele to rzek wpada do morza, gdzie się te wody podziewają (viele Flüsse fliessen dem Meere zu; wo gerathen denn diese Gewässer hin?) *lind.*

[1] a. a. O. 433.

Im čechischen ist sowohl das active als das passive Verbum gebräuchlich: rad bych věděl, kdy by tě odsud pojál, kam by tě děl? (Möchte gerne wissen, wenn er dich von hier weg nähme, wo würde er dich hin thun?) *solf.*, radostí kam se díti ne vím (vor Freuden weiss ich nicht, wo ich mich begeben soll) *komn.*, kam s' rozum děla (wo ist deine Vernunft hingekommen?) *vyb. II, 796.*

Sowohl im polnischen als im čechischen kommt diese Bedeutung des Verbums d ê t i noch sehr häufig in den Zusammensetzungen mit Praepositionen zum Vorschein. So im polnischen: n a- d z i a ć und n a d z i e w a ć (stopfen, füllen), o d z i a ć und o d z i e- w a ć (kleiden), p o d z i a ć und p o d z i e w a ć (etwas wo hinthun, es dort lassen), r a z p o d z i a ć und r a z p o d z i e w a ć (verthun), w d z i a ć und w d z i e w a ć, p r z y w d z i a ć und p r z y w d z i e w a ć *(malč. mar. 23).* Eben so čechisch: n a d í t i (naději) und n a d í- v a t i (nadívám), o d í t i (oději) und o d í v a t i (odívám), p o d í t i (poději) und p o d í v a t i (podívám), p r o d í t i (proději) und p r o- d í v a t i (prodívám) aufthun, aufbrechen, durchstechen; r o z d í t i (rozději) und r o z d í v a t i (rozdívám) auseinanderthun, zertheilen.

In den beiden lausitz-serbischen Dialecten kommt heutzutage das einfache Verbum d ê t i gar nicht mehr vor, in der Bedeutung, um die es sich hier handelt [1]; sie ist aber enthalten in einigen mit Praepositionen zusammengesetzten Fällen, so: w o d ź e ć und w o- d ź e w a ć (bekleiden, eig. umlegen), p ř e d ź e ć und p ř e d ź e w a ć (aufstechen, namentlich von den Geschwüren; passiv p ř e d ź e w a ć so: aufgehen), z a d ź e ć und z a d ź e w a ć (vermachen, mit dem Dativ: jemdn. Hindernisse in den Weg legen; daher im kroatischen das Substantiv z a d j e v i c a Stänkerei). Eben so im niederlausitzischen: w o ź e ś (se), w o ź e w a ś (bekleiden) und w o t w o ź e ś (entkleiden) [2].

§ 11. Auch bei den Ost- und Südslaven (Rusen, Serben-Kroaten, Slovenen) ist die hier in Betracht gezogene Bedeutung des Verbums d ê t i gar wohl bekannt. Es mag aber erwähnt werden, dass

[1] Vergl. Pfuhl's Wörterbuch s. v. d ź e ć.
[2] Vergl. Zwahr Wörterbuch 389.

in diesen Dialecten nicht minder, wie im polnischen und čechischen, die doppelte Infinitivform dêvati und dêjati grösstentheils mit den bestimmten Bedeutungsunterschieden in Verbindung gebracht worden ist, so dass dêvati mehr der localen, dêjati mehr der zweiten und dritten Bedeutung angehört. Dieser Anschluss zweifacher Verbalformen an zweifache Bedeutung findet im russischen, polnischen (grösstentheils), čechischen und kroatisch-serbischen statt. Man unterscheidet z. B. im russischen ganz bestimmt das Verbum dêjatь-dêju (dialectisch auch diju gesprochen) in der Bedeutung synonym mit dêlatь-dêlaju von den beiden übrigen Formen dêtь-dênu und dêvatь-dêvaju (ponere); eben so ist ein anderes nadêjatь sja- nadêju sja (spero) und nadêtь-nadênu oder nadêvatь-nadêvaju (indo). Für die Bedeutung sperare kommt im polnischen regelmässig nadziewać się (spodziewać się) vor; sonst wird diese Bedeutung gewöhnlich durch eine auf das altbulgarische nadêjati sę zurückzuführende Form ausgedrückt. Doch findet man im Jungmannischen Wörterbuch aus dem Dobrovsky'schen wiederholt die čechische Form nadívati se (nadívám se); auch Palkovič citirt es (I, 1005). In syntaktischer Beziehung nimmt das Verbum nadêjati sę durch den Dativus personae eine eigene Stellung ein, wozu vergleichbar russisch izdêvatьsja komu oder čemu (illudere), so wie weiterhin das kroatisch-serbische dodijevati (dodijavati), russisch dodêvatь [1], und laus. serb. zadźevać, welche ebenfalls mit Dativ construirt werden, insgesammt mit der Bedeutung: molestum esse alicui. So wie im kroatischen dodijevati in die minder richtige Form dodijavati übergegangen ist, eben so hat es sich im čechischen mit dem Verbum dati vermischt zur Form dodávati.

Gegenüber dem Infinitiv dêtь lautet im russischen das Praesens dênu: kuda ja dênu dêtej (wo soll ich die Kinder hin thun), kuda ja dênusь otъ bêdy etoj (wo soll ich mich vor diesem Elend hinwenden)[2]. Dasselbe findet im kleinrussischen statt, nur mit eini-

---

[1] Sieh Dalь tolk. Slovarь, 5. Beilage.
[2] Dalь s. v. dêvatь.

gen fonetischen Aenderungen: ditja moje, de dinusь sъ toboju (Mein Kind wo soll ich mich mit dir hinwenden?) *šсvč. sioło I, 26*, stari moji ne znajutъ de deti, de posaditь, de položitъ*sioło III, 8*.

Dieselbe Bedeutung, nur nach dem Sinne der Praeposition modificirt, kehrt bei zusammengesetzten Verben wieder, z. B. vdêtь (vdêvatь), vzdêtь (vzdêvatь), vydêtь (vydêvatь), dodêtь (dodêvatь), izdêtь (izdêvatь), nadêtь (nadêvatь), odêtь (odêvatь), otdêtь (otdêvatь), poddêtь (poddêvatь), podêtь (podêvatь) pereodêtь (pereodêvatь), pridêtь (pridêvatь), razdêtь (razdêvatь), razodêtь (razodêvatь), sdêtь sdêvatь).

Bemerkenswerth sind noch im russischen folgende, unorganische Infinitive: odežitь, zadežitь, poddežitь, pridežit. Auf die Bildung dieser Infinitivformen scheint nicht ohne Einfluss geblieben sein das von der reduplicirten Wurzel ded gebildete Praesens: dežu (statt deždą); odežitь viell. denominativum.

§ 12. Im slovenischen lautet das Praesens dém und dénem nach Murko [1], doch ist nach der Bemerkung Levstiks [2] für die Bedeutung ponere, bloss Praesens denem gebräuchlich. Allein ich würde nicht mit Levstik sagen, dass vom Stamm déni (deno) bloss im Innerkrain vollständige Conjugation sich erhalten habe, in übrigen Sprachgebieten aber hätten Praesens Ind. und Imperativ den Stamm dé zur Hilfe genommen; die Sache ist vielmehr umzukehren und folgendermassen auszudrücken: das Praesens denem habe nach seiner Analogie nicht nur die Imperativform deni gebildet, sondern denselben Stamm endlich auch für den Infinitiv eintreten lassen. Diese Erklärung involvirt die Voraussetzung in sich, dass Infinitiv deniti neueren Datums sei als déti, und so ist es auch. Bei einer anderen Gelegenheit werde ich weitläufiger darüber sprechen und durch vielfache Analogien zu erläutern trachten, dass der slavische Infinitiv, wie er erwiesener Massen nominalen Ursprungs ist, aufangs nur lose mit den übrigen Verbalformen verbunden war und erst allmählich sich ihnen näherte, ja sogar vielfach der Ana-

---

[1] Sloven. deutsch. Wörterbuch.
[2] Die slovenische Sprache § 59 c.

logie des Praesens folgte. So kennt auch der kroatisch-slovenische Dialect Civilkroatiens (kajkavština) nur das Praesens dénem ohne zugleich den Infinitiv denuti, sondern blos deti, zu kennen. Neben déti kommt im eigentlichen slovenischen gar häufig Infinitiv djati (d. h. d'jati) vor.

Zum Ueberblick verschiedener Formen folgen hier einige Beispiele aus Nationalliedern, aus Vodnik, Prešern und Slomšek: na brz'ga konjča ga je djaŭ *Vraz 14* (aufs schnelle Rösslein setzte er ihn),, notri je djala prstan zlat *ib. 166* (hineinsteckte sie einen goldenen Ring), z desnicô glavo proč mu djaŭ *ib. 21* (mit der Rechten hieb er ihm den Kopf ab) und in der Phrase: ob glavo djat *(ib. 14)* oder ob život djat *(ib. 19)* in der Bedeutung: ums Leben bringen. Aus Vodnik (nach der Matica Ausgabe): kir neče me brati, naj dene na stran *38* (wer mich nicht lesen will, soll mich auf die Seite schieben), bukve bodo na dan djane *86* (das Buch wird auf den Tag gelegt d. h. veröffentlicht), ta dan tedaj naj bo med praznične dneve dejan *54* (dieser Tag soll unter die Festtage gezählt werden). Aus Prešern: merliča djati v grob vele *64* (den Todten lassen sie ins Grab legen), k tem deni konce *99* (da füge die Endungen hinzu), Višnjani kam ste svoj'ga polža djali *110* (Višnjaner wo habt ihr eure Schnecke versteckt). Aus Slomšek: veči dél njih nema grižljeja kruha pogriznoti, ne poštenega oblačila djati na se *drobt.* XV, *117* (. . keine anständigen Kleider anzulegen), grabi deva v žepe *ib. 178* (steckt in die Taschen), prijel je hčerino desnico in jo dene v Tobievo desnico *ib. 179*.

So auch bei den kroatischen Slovenen, nur dass daselbst statt dejati oder d'jati (gegenüber dem altbulgarischen dêjati) bloss die Form deti gebräuchlich ist: kaj ti očeš zato, što si mi grajnčice del, da mi bude lad *vrb. pj. 99* (was willst du dafür, dass du mir Zweige auflegtest, damit mir Schatten werde), draga moja mamice, kam ste mi deli Katicu *kuk. 221* (Liebes Mütterchen, wo haben sie mein Kätchen hingethan?).

In der kroatischen (serbischen) Sprache lebt ebenfalls das Verbum dêti in der hier in Betracht gezogenen Bedeutung. Es mögen hier einige Beispiele aus der Sprache der ältesten kroatischen Dichter angeführt werden: dušu svoju ubiju, ki no pravih kolju, njim škodu ne diju (jenen fügen sie keinen Schaden zu) prem da ih zakolju *marul. 87, v. 466*, pravi mi sunašce, gospoje-od vila, me željno srdačce kamo si jur dila *menč. I, 92;* oh moji ti mili, pričisto ljubljeni, gdje su se sad djeli na ovi trud pakljeni *drž. 406;* o kamo sam se dil *luc. 98* (o wohin bin ich gerathen); vrgl. noch: neće znati kuda će se djeti *dik. crnog. 47*, nejmamo ga kuda kamo djesti *lažni car 91*. — In den Zusammensetzungen mit Praepositionen: ki o mladom litu starijih svojih darijući naranče nadiju (bestecken) mirisnimi zelji *mar. 3*, borja tere jelja zide su nadili (mit Fichten- und Tannenzweigen haben sie die Mauern verhängt) *mar. 58*, ribar na udicu založaj nadije, da ulovi ribicu, koja se zadije (der Fischer steckt Imbiss auf die Angel, damit er das Fischlein fange, welches hängen bleibt) *mar. 131*, budući se ti rodil ubog, nag i gol, s nevoljom se podil na sega svita okol (mit Elend aufgekommen auf diesen irdischen Schauplatz) *mar. 129*, poče s istočnih stran sunce se podivat (aufzutauchen) *mar. 83*, zadit će naš kosor i tebe (es wird unser Schwert auch dich erfassen) *mar. 26*, neka ga zadiju mrižom me liposti (damit ich ihn erfasse, bestricke, mit dem Netze meiner Schönheit) *mar. 37*, nitkor ju ne zadi ni riču ni stvarju (Niemand störte sie weder mit Wort noch mit That) *mar. 39*, ovo se zareče Oloferne srdit, da će sva na meče mesa vaša razdit (er werde euere Leiber auf Schwertern in Stücke zerreissen) *mar. 26*, u ovu noć rodi božja sina žena, ke se muž ne dodi (die kein Mann berührte) *luč. 95*, gdi je grimiz čisti, plemenito ki me odije *gund. suze 14*, u. s. w.

Man entnimmt diesen Beispielen folgende Praesensformen fürs altkroatische: dijem, nadijem, zadijem, razdijem, odijem, aufs altslovenische: dêją, nadêją, zadêją u. s. w. zurückzuführen. Heutzutage sind diese Formen, bis auf dodijem (da li ti se oče ne dodije? *Gorski vijenac 92*), kaum mehr gebräuchlich, sondern man würde sagen: djedem oder djenem, nadjenem oder nadjedem (?), odjedem und odjenem, zadjenem und zadjedem u. s. w. Es ist übrigens kaum nöthig zu bemerken, dass die Formen djedem, odjedem, zadjedem etc.

nicht auf altbulg. reduplicirte Praesensformen dеždą, оdеždą etc. zurückgeführt werden dürfen; dies ist vielmehr eine Weiterbildung des Praesens mittelst d, auf die wir weiter unten zurückkommen werden. Wahre reduplicirte Praesensformen kommen blos in der ältesten kroatischen Sprache vor. So liest man in einer Handschrift aus dem Anfang des 16 Jahrhundertes *(Ranjina's Evangelistarium)* folgendes: kada vidiš naga, odedji (altb. oždeždi) njega *39ᵇ*, ako silom ništor ne uzme, kruh svoj lačnim da i gola odedje (altslov. oždedetь) *46*. In den beiden zuletzt angeführten Beispielen würde man heutzutage odjeni und odjene oder odjede gebrauchen. Wenn man dagegen in der älteren Sprache gar nicht anderes den Aorist ausdrücken kann, als: odjeh (altsloven. odêhъ), odjesmo (altslov. odêhomъ), odjeste (altslov. odêste), so würde man statt dieser Formen heutzutage ganz gewiss folgende anwenden: odjenuh, odjenusmo, odjenuste oder odjedoh, odjedosmo, odjedoste. Wirklich übersetzte auch so die betreffenden Stellen Vuk St. Karadžić.

§ 14. In der heutigen kroat. serb. Sprache ist die hier zur Sprache gebrachte Bedeutung des Verbums dêti durch folgende mit Praepositionen zusammengesetzte Verba vertreten: dodjesti se (dodijevati se) mit Genitiv: anrühren, dagegen: dodijevati komu (belästigen), izdjesti (izdijevati) einen Spottnamen zufügen, eigent. ausfädeln die Nadel, nadjesti (nadijevati) anstecken, füllen, Namen geben, odjesti (odijevati) kleiden, podijevati (podjesti?) verthun, podijevati se: verkommen, predjesti (predijevati) den Namen umändern, preodjesti (preodijevati) verkleiden, umkleiden, pridjesti (pridijevati) anheften, befestigen, zufügen, sadjesti (sadijevati) aufschobern, udjesti (udijevati) einfädeln, zadijevati (zadjesti?) hineinstecken, zadijevati se (stecken bleiben) und nazadijevati (nach einander stecken), zapodjesti se (zapodijevati) sich erheben, entstehen. — Wie aus den angeführten Zäsammensetzungen ersichtlich ist, lautet der Infinitiv in der heutigen Sprache regelmässig djesti (lautlich statt djedti), ebenfalls eine Neubildung nach der Analogie des Praesens entstanden: allein so wie bereits oben von Praesens bemerkt wurde, eben so hat dieser Infinitiv mit der reduplicirten Wurzel d e d nichts gemein. Also d j e s t i ıst eine neuere Infinitivform, ganz so wie auch d j e n u t i gegenüber dem Praesens d j e n e m. Der regelmässige Infinitiv d j e t i[1] ist im heutigen Sprachbestand der seltenste.

Diesen Verben gegenüber nimmt das einzige n a d a t i s e eine selbständige Stellung ein, wobei gewiss der schon längst in seiner ursprünglichen materiellen Bedeutung verdunkelte Sinn mitgewirkt haben mag. Denn n a d a t i s e steht für n a d'j a t i s e und dies für n a d i j a t i s e gegenüber dem altbulgarischen n a d ê j a t i sę. In der älteren Sprache kommt n a d i j a t i s e noch vor, z. B. *mar. 67*: kad je zal oblak i fortuna, mornar se boji na moru a težak na polju, svaki se zlu nadijući (ein jeder etwas übles erwartend, hoffend); *puc. spom. 23*: boljemu nadijemo se od kraljevstva ti; sogar 1pers. Praes. naju (statt nad'ju = nadiju) *drž. 427*.

Dieselbe Verwechslung trat bei diesem Verbum im čechischen ein, wo ebenfalls schon sehr früh im Infinitiv und den vom Infinitivstamm gebildeten Verbalformen d á für d ě oder d í Ueberhand nahm: sbožný kto sě j' tomu nadál, že s' vše moha nechtěl moci *jireč 50,* a po roce když sě on nenadál a mněl, by mělo trvati jeho panstvie *ib. 166.*

Von Nominalbildungen, die hieher gehören, sei erwähnt das kroatische Substantiv z a d j e v a und z a d j e v i c a (Hinderniss, Anstoss), p r i d j e v a k (Zuname) und n a d i m a k (wahrscheinlich statt n a d j e v a k, altb. n a d ě v ъ k ъ, falls nicht von ime abzuleiten),

---

[1] Nach einer ganz besonderen Eigenthümlichkeit des älteren und neueren ragusäischen Dialectes wird z a d j e s t i in z a d j e s t i t i geändert. Diese Eigenthümlichkeit erstreckt sich über alle auf dentale Consonanten ausgehenden Verbalstämme der I. Classe. Z. B. aus der älteren Zeit (17. Jahrh.): te iste misli i meni često krat priko pameti prodju, ali nikada nijesu mi se mogle za srce z a d j e s t i t *(slov. kom. 153)* und aus der heutigen Sprache: ali lijepo je posvirit i za pas z a d j e s t i t *(dubr. I, 384),* a mi homo što godi z a g r i s t i t *(dubr. II, 179),* a rekla sam ti, da će je u zlu kožu n a v e s t i t i *(ib. 227),* i ti baš misliš, da će mi oni z a s j e s t i t klanac *(dubr. I, 226).* Mehrere Beispiele vergleiche *Rad XII, p. 203.*

odijelo (Bekleidung) und odjeća [1] (Kleid); bei Mikalja zadivljaj (statt zadjevljaj) mit hinzugefügter Erläuterung „koji se iglom čini" (punto); bei den kroatischen Slovenen einst, jetzt wohl obsolet, odetel (altslov. wäre es: odêtêlь). Mikalja führt noch denak (bei Vuk serb. lex. dënjak) an, mit der Bedeutung: „brime prateži, sarcina". Ist das Wort slavischen Ursprungs, so könnte es möglicherweise ebenfalls zu unserer Wurzel gehören. Im russischen wird die Nadel vdežnaja (igla) benannt, daher auch Substantiva: vdežka, vdežnikъ, vrgl. auch vzdežka.

2. *Verbum dêti (dêjati) in der Bedeutung*: *thun, machen, schaffen.*

§ 15. Was zunächst die Form anbelangt, es wurde bereits hervorgehoben, dass dêvati in dieser Bedeutungssphäre entweder gar nicht oder doch wenigstens äusserst selten vorkommt. Sonst lebt das Verbum dêti (dêjati) in dieser Bedeutung bei allen Slaven bis auf den heutigen Tag mit der einzigen Ausnahme des kroatisch-serbischen, wo bloss einige nominale Ableitungen sich erhalten haben.

Das altbulgarische zeigt diese Bedentung in folgenden Beispielen: vъčera človêčьskaa, a dьnesь božьstvьnaa dêetъ *cloz. I. 819*

[1] Das kroat. serb. odjeća ist neueren Ursprungs, gebildet gleichsam vom Particip odêtъ mit suffix ja (wie svieća-svêšta von svêtь-ja); in der älteren Sprachperiode kommt ganz dem altbulg. odežda entsprechend die Form odedja vor, z. B. puc. spom. 2, 119: potratila je za hranu i odedju (одечы); mon. serb. 61: da ne ima pečal o pastirskoj hranê ni o odedji. Darauf ist auch das slovenische odeja (in specieller Bedeutung: Bettdecke) zurückzuführen. Von den übrigen slav. Sprachen hat das russische odeža (odežda ist kirchenslavisch), polnisch odziedza (in ganz specieller Bedeutung: ein Häutchen im Körper), sonst wird im polnischen für Kleidung, Rüstung eine andere Form des Wortes gebraucht: odzież (auch odzieża), wahrscheinlich nach der Analogie der auf czь gebildeten Collectiva, wie kradzież, młodzież. Die andere Form odzieża dürfte, falls sie nicht durch den russ. Einfluss aufgekommen ist, so zu erklären sein, wie im kroatischen svirala gegenüber dem altslov. svirêlь, gusle gegenüber gusli, kazna gegenüber kaznь, pjesna geg. pêsnь; d. h. ein Uebergang aus der i-Declination in a-Declination findet statt.

(heri humana, hodie autem divina facit), vъ ono vrêmę izide Jisusъ vъ pusto mêsto i tu mudêše d. h. molitvą dêše ἀπῆλθεν εἰς ἔρημον τόπον κἀκεῖ προσηύχετο *sav. kn. srezn.* 62, milostь že i istinu dêjute (statt dêjątь) blazii (ἔλεον δέ καὶ ἀλήθειαν τεκταίνουσι ἀγαθοί) *busl.* 78, kaa bo polьzê eže vêdêti o bozê pravaja učenija dobrê a blądъ dêati sramьnê (μοιχεύειν) *cyr. hier. srezn.* 191, priključi že sę na tomь mêstê iereu poganьsku po obyčaju poganij dêjuštu *srezn.* 171.

Was gethan wird, davon sagt man, es geschehe: daher diese Bedeutung im Passiv: tъ vъskrъse otъ mrъtvyihъ i sego radi sily dêjątь sę o njemь καὶ διὰ τοῦτο αἱ δυνάμεις ἐνεργοῦσιν ἐν αὐτῷ *matth.* 14. 2, jegda bo bêhomь vь plьti, strasti grêhovь, ježe zakonomь, dêjahu se vь udêhь rašihь plodь sьtvoriti sьmrъti *šiš.* 56.

Das einfache Verbum dêjati wird im altbulgarischen sehr häufig zur Umschreibung angewendet: blądъ dêjati: πορνεύειν, studъ dêjati: ἀσελγεῖν, čary dêjati: προσεύχεσθαι, pakosti dêjati: κολαφίζειν, preljuby dêjati: μοιχᾶσθαι etc. Im Passiv werden Adjectiva hinzugesetzt, um ebenfalls einen im griechischen durch ein Wort ausgedrückten Begriff zu umschreiben, so: zъla sę dêjati: μαίνεσθαι, milъ oder mila sę dêjati: ποτνιοῦσθαι.

§ 16. Von dieser Bedeutung des Verbums dêjati sind im altbulgarischen vielfache Nominalbildungen vorhanden, meistens nomina composita, gebildet nach dem griechischen Vorbild. Ich will den Reichthum dieser Wortbildungen durch Zusammenstellung der meisten Beispiele nach Miklosich's Lexicon anschaulich machen.

Mit Suffix ъ gebildet ist das einfache Substantiv dêj (eig. dejъ, litauisch wäre es dêjas): auctor; als einfaches Wort kaum belegt, dagegen in vielen Compositionen vorhanden: blądodêj (scortator), čarodêj (incantator), čudodêj (θαυματουργός), dobrodêj (ἀγαθοποιός), lihodêj (maleficus), ljubodêj (scortator), mirodêj (pacificus), mnogodêj (magnificus? magnificentia?), prêljubodêj (adulter), studodêj (ἀρσενοκοίτης), zlodêj (κακουργός). Femininum dazu nur in ljubodêja.

Daraus ergibt sich weitere Substantivirung mittelst ьcь und ьca: blądodêica, čudodêicь, čarodêicь-čarodêica, ljubodêicь-ljubodêica, prêljubodêica, samodêicь, zlodêica. Davon wurden mittelst ištь deminutiva gebildet: ljubodêičištь, preljubodêičištь (auch ljubodêištь).

Von dem Stammwort dêj kommen mittelst ьnъ gebildet folgende Adjectiva vor: dêinъ, blagodêinъ, čudodêinъ, ljubodêinъ, zlodêinъ, und von dêicь: ljubodêičьnъ. Dieses Adjectiv kann von neuem substantivirt werden mittelst ikъ: ljubodêinikъ.

Mit Suffix ьskъ entstehen Adjectiva: čarodêiskъ, prêljubodêiskъ, zlodêiskъ, prêljubodêičьskъ.

Mit Suffix ivъ werden weiter gebildet: čudodêivъ, ljubodêivъ, mirodêivъ, prêljubodêivъ, zlodêivъ.

Mit dem Suffix ьstvo (ьstvije) werden Substantiva abstracta gebildet: dêistvo, blagodêistvo, bogodêistvo, čudodêistvo, čarodêistvo, prêljubodêistvo, rąkodêistvije, samodêistvo, studodêistvo, vьsedêistvo, zlodêistvo. Davon entstehen neue Adjectiva auf ьnъ: dêistvьnъ, blagodêistvьnъ, čudodêistvьnъ, dlъgodêistvьnъ, prêljubodêistvьnъ, zlodêistvьnъ. Substantivirt werden sie mittelst Suffix ikъ: dêistvьnikъ, sъdêistvьnikъ.

Von dêistvo werden folgende denominativa abgeleitet: dêistvovati, blądodêistvovati, čarodêistvovati, čudodêistvovati, izljubodêistvovati, prêljubodêistvovati, sъdêistvovati, zlodêistvovati.

Von dem passiven Particip dêjanъ werden Verbalsubstantiva abgeleitet: blagodêjanije, blądodêjanije, čarodêjanije, čudodêjanije, dobrodêjanije, lihodêjanije, studodêjanije, zlodêjanije; und Adjectiva: dêjanьnъ, blagodêjanьnъ, ljubodêjanьnъ.

Mittelst Suffix tь wird gebildet das abstracte Substantiv dêtь (actio) und blagodêtь; davon Adjectiva: blagodêtьnъ auch blagodatьnъ, neblagodêtьnъ, nevъzblagodêtьnъ.

Mittelst Suffix telь nomina agentis: dêtelь, blagodêtelь, dobrodêtelь, čudodêtelь, samodêtelь — davon Adjectiva auf ьnъ: blagodêtelьnъ, bogodêtelьnъ (auch bogodêjatelьnъ), samodêtelьnъ, vьsedêtelьnъ.

Endlich werden von den auf telъ endigenden Substantiven, welche Nomina agentis bezeichnen, abstracta auf ьstvo abgeleitet: blagodêtelьstvo, dobrodêtelьstvo, — ferner Adjectiv: dêtelьstvьnъ, zuletzt Verba: dêtelьstvovati, blagodêtelьstvovati.

§ 17. In keiner heutigen slavischen Sprache hat sich solche Unzahl von Ableitungen und Compositionen erhalten. Diess findet seinen Erklärungsgrund darin, dass beinahe alle diese Wortbildungen bloss der sklavischen Nachahmung griechischer Vorbilder ihre Entstehung zu verdanken haben, wobei natürlich nicht immer auf den Genius der slavischen Sprache und ihre Compositionsfähigkeit genügende Rücksicht genommen wurde. Dennoch wird diese grosse Anzahl noch verdoppelt, wenn man das von der Wurzel dê mittelst Suffix lo gebildete Substantiv dêlo sammt allen seinen Ableitungen damit in Zusammenhang bringt. Ich verweise diese neue Abzweigung in die Anmerkung [1].

Dem altslovenischen am nächsten steht, was den so häufigen Gebrauch des Verbums dêjati anbelangt, die russische Sprache; auch die meisten Ableitungen und Compositionen theilt sie gleichmässig mit dem altslovenischen. Zur Erläuterung der Gebrauchsweise vergleiche man folgende Beispiele: ideže torgъ dêjutь Korъsunjane (ubi mercantur) *Nestor ed. Mikol. 68*; passiv mit der Bedeutung fieri, accidere: čьto sja dêjetь vъ gradê *ib. 78* (quid accidit in

---

[1] Substantiv dêlo (ἔργον, opus) und Verbum dêlati (-dêjati):
Mit Suffix ije: bezdêlije, zlodêlije, vysokodêlije, velikodêlije, rąkodêlije, čudodêlije.
Mit Suffix ьnъ: dêlьnъ, bezdêlьnъ, bogodêlьnъ, dobrodêlьnъ, ljubodêlьnъ, zemedêlьnъ; substantivirt: dêlьnikъ, zemedêlьnikъ, dêlьnica; zdêlьnikъ.
Mit Suffix ьstvo: studodêlьstvo, zemedêlьstvo, davon Verba: bezdêlьstvovati, rąkodêlьstvovati.
Vom Verbalstamm dêla-ti:
Mit Suffix telь: dêlatelь, blaznodêlatelь, bogodêlatelь, dobrodêlatelь, zlodêlatelь, zemedêlatelь, čudodêlatelь, samodêlatelь, rąkodêlatelь, vinodêlatelь. Davon Adjectiva: dêlatelьnъ, blagodêlatelьnъ, samodêla-

urbe), ašte gospodarju dostojno sъmrъti dêjalъ budu, tvori eže hošteši *busl. 702.* In den russ. Sprichwörtern: bêsъ ne pьetъ i ne êstъ a pakosti dêetъ *dalь posl. 12.*, čto na javi dêetsja, to i vo snê grezitsja; dêj dobro i ždi dobra, lênь dobra ne dêetъ; živecь, madzieecь a liho dzieecь *materialy 43* (weissrussisch).

Im kleinrussischen treten nur einige phonetische Modificationen hinzu: hej pustitъ mja moji pavy i na dvirъ sja podiviti, šo tamъ chłopci moji dijutъ *fedk. sioło III, 24*, ta šče i takè tamъ dijetcja, ščo soromъ i kazati *sioło I, 55*; čudno jakosь dijetcja mižъ nami *III, 8*; z nami dijałosja te, ščo buvaje z ljud'mi, koli ihъ maje postignuti ščosь nebuvale *pravd. IV, 248.*

Mit Praepositionen zusammengesetzt wird diese Bedeutung des Verbums dêjati nicht so häufig, wie die erste; man vrgl. podêjatь und passivisch podêjatьsja (emu podêjalosь bedeutet: man hat ihm mit bösem Blick geschadet); eben so sdêjatьsja (čto nadъ nami sdêjalosь) und udêjatьsja (in der älteren russ. Sprache vielfach gebraucht). Im kleinrussischen: ščo si ti vdijavъ mini (quid fecisti mihi) *bibl.-pravd.*, ščo-žъ ja vdiju (was soll ich thun?) *sioło IV, 53*; aber auch zdati (verrichten): šče kil'ka dnivъ proživъ z nami, poki zdavъ diła i dostavъ vidpustku *pravd. IV, 251.*

Die russischen Nominalbildungen lassen sich beiläufig auf folgende Grundformen zurückführen: — dêj (dij), -dêjka, dêja, dêjanie, dêjanikъ, dêjanki, dêjstvo (dêjstvie), dêjstvenikъ, dêjstvitelьnyj, dêjstvitelьnostь, dêtelь und dêjatelь, dêtelьnyj und dêjatelьnyj, dêtelьstvo,

telьnъ — substantivirt: dêlatelьnikъ, zlodêlatelьnikъ; dêlatelьnica, sъdêlatelьnica, rąkodêlatelьnica.

Mit Suffix ište: dêlatelište (auch dêlalište).

Mit Suffix vъ: dêlavъ, substantivirt: dêlavьcь; davon: dêlavьnъ (in: blagodêlavьnъ), dêlavьstvo.

Von dem pass. Particip dêlanъ mit Suffix ije: dêlanije, drêvodêlanije, lihodêlanije, vъzdêlanije, rąkodêlanije, studodêlanije.

Suffix lь (-trь, dlь) als nomina agentis: drêvodêlь, srebrodêlь — davon weiter ebenfalls nomina agentis: drêvodêlja, grobodêlja, zemljedêlja, kotvodêlja, nedêlja (otiosus).

dětelьnostь und dějatelьnostь; endlich vom passiven Particip weiter entwickelt: -děnstvo und -děnstvenyj. Vergleiche noch im kleinruss. dijsno (wirklich), vdijsnosti (in der That), *pravd. IV. 241, 243*.

Nicht minder bekannt ist diese Bedeutung des Verbums dějati (dziać) im polnischen: człowiek ma moc nakłaniać się i dziać zatém według pobudek moralnych (handeln), ku zbawieniu swemu dziejcie co (thuet) *Linde lex*. Von den Bienen sagt man: miód (Honig), wosk (Wachs) dzieją (sammeln). Der activen Bedeutung entspricht die passive: uczmy się, iż się wszystko zrządzeniem bozkim, a nie przygodą dzieje (dass alles nach Gottes Bestimmung geschehe) *skarg*., co będzie to będzie, niech się dzieje wola boża (es geschehe Wille Gottes) *id*, dla tegoż gołą tyło powieść rzeczy, jako się działa, przed oczy wasze przełożę *id*. (wie sie vor sich ging). In der älteren polnischen Sprache wurde auch in dieser Bedeutung, jedoch meist nur im Passiv, die Form dziewać się gebraucht: cuda się dziewały przy onych grobach (es geschahen Wunder), jakie się srogie pomsty nad niemi o to dziewały (welch' strenge Rache an ihnen desswegen geübt wurde).

Das gleiche gilt vom čechischen: co tu děješ (was machst du da?), místo krista poselství dějeme *br. bibl*. Passiv: ne líbí mi se nic, což se pod nebem děje (was unter'm Himmel geschieht); a ohyzdná bezprávnosť děje sě (geschieht uns) nam od toho boha vysokého *vyb. II, 471*. Mit Praeposition sъ zusammengesetzt bedeutet es: vollenden, vollbringen, ausführen, z. B. nes to Teofilovi, k němužto bez meškanie zděj (überbringe) to poselstvie *jireč. 53*, tuť mnozi svú volí zdějí v takém rytiéřském turnéji *ib. 150*, to zděv, kaza vojem stati *vyb. I, 137*. Eben so vzděti: aby vždy vzděl mocnú rukú *jir. 151*.

In der ober-lausitzserbischen Sprache lautete das Verbum dźeć (dźěć?) praes. dźeju, dźiju (dźěju?) und dźu — ist aber nach Pfuhls Bemerkung veraltet und lebt nur in Ableitungen. In der niederlausitzischen Sprache bedeutet źaś stricken, spinnen; dies ist ein ganz specieller Fall der allgemeinen Bedeutung des Thuns, Thätigseins, der sich auch sonst vorfindet; denn im polnischen bedeutet dziać ebenfalls stricken, weben, davon dzianka: ein gewebtes Kleidungsstück, čech. daněk: ein kurzer leinerner Rock des gemeinen Frauenzimmers in einigen böhmischen Orten; ls. zdźina: spinnwebefeine Leinwand, feiner Faden.

Auch in diesen drei nordwestlichen slavischen Sprachen kommen der Bedeutung dêjati - agere einige Nominalbildungen zu. Im čech. bedeutet děj, e: das Ereigniss, das Geschehene, die That; plur. die Begebenheiten, die Geschichte. Im polnischen plur. dzieje bedeutet: Begebenheiten, Geschichten. Davon Composita: dějepis, dějepisec, dějepisný, dějeplný, dějepravný; dziejopis (dziejopisca), dziejopisný u. s. w. Eine einzelne Begebenheit heisst dějina, plur. dějiny: die Begebenheiten, also: die Geschichte. Im zweiten Theile des Compositums kommt dêj bei einigen überall bekannten Worten vor: dobrodziej (davon dobrodziejstwo), złodziej, kołodziej; dobroděj, zloděj, koloděj; złodźij, kołodźij, obl., kowoźej, zwoźej ndl. — Nur mit einer anderen Endung: kaznodzieja (Prediger).

§ 18. Unter den südslavischen Sprachen lebt diese Bedeutung des Verbums dêjati im slovenischen, und zwar in der gewöhnlichen Form djati, pass. djati se; als Phrase: djanoje (es ist geschehen), z. B. djano je (es ist geschehen), kaj bi nam pomagala nezmerna žalost *slomš*. Die That ist djanje, thätig: djansk. Statt djati kommt déti hauptsächtlich in bestimmten Wendungen vor, so: to mi dobro dé (das thut mir wohl), to nič ne dé (das thut nichts). Compositum zlódej (Uebelthäter, gew. Teufel) lautet im Nominativ auch zlodji (bei kroatishen Slovenen) oder zlodi, verkürzt sogar zlod: so bele ko repe pa hude ko zlod' *vodn. 132.*

Mit der Praeposition s (z, sъ) zusammengesetzt bedeutet das Verbum zděti se (praes. zdíse): düncken, däuchen, scheinen, (kroatisch čini se, činiti-dejati). Al' se mi zdi al' je mordaj resnica *vodn. 53* (scheint es mir nur so oder ist es vielleicht Wahrheit?); meni se pak tako zdi, da zlata ketina zvenči, de bo nekdo Marjeto vzeu *vraz 170*. Diese Bedeutung kehrt im čechischen wieder, wo in der älteren Sprache zděti (zdieti) se, dagegen heute zdáti se gebraucht wird: zdieše sě jmu (es schien ihm, kam ihm vor) v tej hodině, uzře ve sně tři bohyně *vyb. I, 136*, slyšiece słowce výborná, ježto sě jim zději dvorna *vyb. I, 239.* Dagegen: v tom vidění sě jej zdáše, že na jednej łuce spaše *jireč. 51*, zdaše sě jiej nésti těžek *ib. 74*. Beide Formen in einem: vsiakž což jinemu usilno, to j'mu sie zda vsie pochyłno; nebž kak mnoho věž bě ve zdi, vsiak sě jemu nic to ne zdi *vyb. I. 1080.*

Im lausitzserbischen bedeutet so wohl das einfache Verbum dźeć so (praes. mi so dźije) als auch zedźeć so (mi so zedźało): träumen; dagegen für scheinen (es scheint mir) gebraucht die lausitz. und polnische Sprache zdać (zdawać), so wie die kleinrussische; also abermals Verwechselung mit dati.

In der kroatisch-serbischen Sprache kommt dieses, im übrigen so weit und reich verzweigte Verbum, gar nicht vor. In den älteren kirchlichen Sprachdenkmälern muss man sein Vorkommen als entlehnt aus dem kirchenslavischen ansehen, z. B. *glasn. XXII. 220*: i polagajutь ego vъ grobnici vъnutrь crъkve, ideže božьstvьna dějutъ se (verrichtet werden); *ib. 223*: što děeši (quid agis) o Vlъkašine; *ib. XXIV, 180*: i kъ bogu ljubovьnaja dějušte povsegda. Doch in Zusammensetzung mit der Praeposition s (sъ) bedeutet es in der älteren kroatischen Sprache dasselbe, was wir oben für's čechische sahen; man vergleiche das Beispiel aus Mar. Držić *(dubr. I, 421)*: šes pometnika u šes dana vi su zdjeli (verfertigt) i sklopili. Endlich kommen von dieser Bedeutung des Verbums děti noch einige Nominalbildungen vor, so: blagodat (eig. blagodjet, daher blagodet), ferner ljubodivnik (altslov. etwa ljubodêinikъ oder ljubodêivьnikъ) und ljubodinstvo (altsl. ljubodêinьstvo) bei Habdelić, dann priljubodinik (altsl. prêljubodêinikъ) bei Verantius; und živodinstvo, živodivstvo, živodiostvo (vrgl. *marul. 69, 117*), in dieser dreifachen Form findet sich dieses Wort in der Bedeutung adulterium bei den ältesten kroatischen Dichtern. Dass sein zweiter Theil (divstvo, dinstvo, diostvo) auf das altslov. dějstvo hinweist, das unterliegt keinem Zweifel; doch wie ist der erste Theil der Zusammensetzung zu erklären? Vielleicht bedeutet das Wort: „dějati jako živina" also: „živinsko djelo" (Viehsarbeit)?

3. Verbum dêti in der Bedeutung: sagen, reden.

§ 19. In dieser Bedeutung (dêti-dicere) ist das Verbum gewöhnlich auf einen bestimmten, meist absoluten Gebrauch beschränkt, ähnlich dem lateinischen inquam. In Zusammensetzungen oder Nominalbildungen hat sich diese Bedeutung nicht erhalten.

Im altslovenischen wird die Gebrauchsweise durch folgende Beispiele beleuchtet: podobaše ubo rešti: Ijuda prêdatelь, nь togo ne dêjetь (es wäre zu sagen: Judas der Verräther, doch dies sagt er nicht) *hom. mih.* 6, ishodęštc že obrêtošę človêka kurineiska, imenemъ Simona, semu dêšę pouesti krъstъ ego (diesem sagten sie sein Kreuz zu tragen) *grig. triod, srezn. 334,* čto ubo deši (statt dêješi oder dêeši) *supr. 223*, javlętь bo sę, dejątь, têmi bozi (dadurch geben sich, sagen sie, die Götter kund) *izb. 1073 busl. 273;* nъ duša, dêatь razdêlenia zastupьnici, opisana je vъ têlesi *izb. 1073 vost.*, nъ dêeši bratъ Ijakovъ *cyr. hier. vost.*, ašte bo by, dêjetь, vъ gradê trusъ bylъ *vost;* i epistoliju emu pisavь i dêjušte sice *aleksandr. mih. 24.*

Auch über die übrigen slav. Dialecte erstreckt sich diese Bedeutung. Bei Nestor *(ed. mikl. 65)* liest man: da ašte kъto, dêjutь, vъ našu vêru stupitь. In der kleinrussischen Sprache lebt das Verbum noch, wie man aus diesem Beispiel ersieht: kozakъ tiłomъ i dušeju dyvivъsja, jakъ ba vkruhý ne po kozackij dijałosь (dass nicht kosakisch geredet wurde) *siolo 1, 38.* Fürs polnische führe ich diese Stelle aus der Bibel an: pytał go Jezus, co za imię masz? on mu odpowiedzał: dzieją mi cma, bo nas sam wiele *bibl. leop.* Im oberlausitzischen Dialecte ist namentlich das Imperfect dźeše sehr gebräuchlich: po tom dźeše swjaty Petr (darauf sprach der heilige Petrus) *Horn čit. 5;* hm, pasle? dźachu te druhe *ib. 16,* ach, dźeše Cid, tón wumoženy, kak kralowscy wam płaćić chcu? *ib. 75.* Für das niederlausitzische führt Zwahr *(wörterb. 399)* das Verbum źaś: reden, sprechen, an: praes. źéju, imperf. źach.

In der čechischen Sprache ist diese Bedeutung in den älteren Sprachdenkmälern sehr häufig anzutreffen: i caco ti desi dlesno uzuisiti zin chlovech (zu lesen: i kako ti dêši dlъžno vъzvysiti synъ člověčь) *altböhm. denkm. 109, 66, 127 (ryb. 1, 7)*; dasselbe in der čech. Uebersetzung vom Jahre *1422*: a kterakž ty děš musí povýšen býti syn člověka; in derselben Uebersetzung *ioan. c. 12, 27*: nynie dušie moje zumúcena jest', a čso diem otče spas mě z tejto hodiny *jireč. 5*; die hospodinu přijemcie moj jsi ty *psalt. clim. jireč. 7* ; ai nynie javno mlvíši i porekadla nikakégo ne dieši *vyb. 9*, pověz mi, kak ti pravé jmě dějú *vyb. 65*, když na jednom poli běchu, jemuž Senaar dějechu *dalim. chron. vyb. 85*, že jich starosté Čech děchu, proň té zemi Čechy vzděchu *ib. vyb. 87*. Wie man an dem letzten Beispiele sieht, bedeutete im čechischen das Compositum v z d ě t i : Namen geben; vrgl. auch: ale že s té hory zřěchu, protož té hoře Zříp vzděchu *dalim. jireč. 69*.

Auch fürs slovenische sind wir gar nicht in Verlegenheit, diese Bedeutung des Verbums d ê t i (d ê j a t i) nachzuweisen: Saj oča so djali, oženit se glej (Vater haben 's gesagt, schau dass du heirathest) *vodn. 27*, tud' korošci bel' list brali, z enim glasom pa vsi djali *vodn. 117* ; hočem v prihodno bolj môdra biti, je mačka djala *drobt. XV, 260*, jaz bom zdaj en časek tiho djal *slomš. drobt. XV, 148*. In der Nationalpoesie: sě on je tako rekû, rekû ino djaû *vraz 176*.

Endlich war diese Bedeutung auch in der altkroatischen Sprache sehr wohl bekannt, während sie dem heutigen Sprachzustande ganz fremd sein dürfte. In den glagolit. Sprachdenkmälern liest man: lapat' zemle, ka e v kun'trati v' drazi baškoj, gdi se di: v onoj strani *acta croat. I, 48 (Urkunde aus dem Jahre 1413)*, gdi se di *ib. 54 (Urk. Jahr. 1426)*; nu se spomenite od Mojsesa, vam dim, tere dobro vite, koga dobi i čim *marul. 21*, Ozija tako di *ib. 35*, ča veće dim tebi? *ib. 39*, da prvo ovo je isprosila moleć molitve dit svoje *ib. 45* (ihre Gebete zu beten), daj mi još niki red, jere mnozih viju, ki ne znav moju zled, od mene zlo diju (von mir übles sprechen) *marul. 153*, ter se ja vas boju da što dim ne vrže *menč. 60*, ta di pan, ta di kruh; ta di:ši, ta di:no *barak. gjarula 26*. Das Verbum war nicht, wie man nach bisher angeführten Beispielen vermuthen könnte, auf das einzige Praesens Ind. beschränkt, obwohl nicht zu leugnen ist, dass Praesens am allerläufigsten angewendet wurde; man vergl. blaženi Arsenij pristupajući vrime njegovo, da s' sega svita primine, dijaše učenikom svojim *vižb. sv. ot. 88*, gdi su beside tvoje, ke govoraše dijući shraniti hoću dušu moju *ib. 112.*

IV. Wurzel de (dê) in den slavischen Sprachen als Partikel.

§ 20. Nachdem wir das Leben des Verbums dêti (dêjati) in den drei Hauptbedeutungen, die ihm in den slav. Sprachen zukommen, überblickt haben, wollen wir nun jenen seinen Functionen auf die Spur gehen, wo es nicht mehr die volle Verbalkraft des Praedicates im Satze behauptet, sondern in Folge häufigen und gewiss lange andauernden Sprachgebrauchs zur sogenannten indeclinablen Partikel herabsank. Es ist angezeigt mit solchen Fällen zu beginnen, wo der verbale Ursprung der betreffenden Partikel noch gar keinem Zweifel unterliegt.

Nach der oben ausgeführten und mit vielen Beispielen belegten Bedeutung: agere, facere, die dem Verbum dêjati zukommt, geht seine negative Seite: ne dêjati (non agere oder nihil agere) sehr leicht in die Bedeutung: sinere, omittere über; aus dem nichtthun erklärt sich das stehen-lassen, aufgeben und aufhören. So bedeutet denn in der altsloven. Sprache ne dêjati: ἐᾶν oder ἀφιέναι; die Zweifel Pott's,[1] die er gegen diesen Bedeutungsübergang vorbringt, müssen meiner Ansicht nach als unbegründet angesehen werden. Doch ist der Gebrauch von ne dêjati in dieser Bedeutung fast bloss auf den Imperativ beschränkt, und zwar auf die beiden Formen: ne dêj und ne dêjte. Die volle Verbalkraft dieser Ausdrücke zeigt sich noch darin, dass das von ihnen zunächst abhängende Verbum entweder als Infinitiv oder als neuer Satz mit der Conjunction da verbunden, sich ihnen anschliesst. *Matth. 7, 4:* ἄφες, ἐκβάλω τὸ κάρφος ἀπὸ τοῦ ὀφθαλμοῦ σου übersetzen die meisten altslav. Denkmäler also: ostavi, da izьmą; so *ostrom., assem., nikol., savkn., deč. tetroev. cf. srezn. 11, 390*, aber im Evang. 1307 liest man: ne dêj, da izьmu; *ioan. 18, 8:* εἰ οὖν ἐμὲ ζητεῖτε, ἄφετε τούτους ὑπάγειν wird *ostrom.* also übersetzt: ašte mene ištete, ne dêjte sihъ iti, eben so *sav. kn. (srezn. 102), nikol.; exod. 32, 10:* καὶ νῦν ἔασόν

---

[1] Pott's Wurzelwörterbuch I, 150.

μɛ: nynê že ne dêj mene *busl. 166*; *ioan. 12, 7*: ἄφες αὐτήν: ne dêj jeje *ostrom.*, *iudic. 16, 26*: ἄφες με καὶ ψηλαφήσω τοὺς κίονας: ne dêj mene da osežu stlьpy *pent. mih.*; *ioan. 14, 44*: razdrêšite i i ne dêjte ego iti *srezn. 337;* ne dêjte jego, da zbudet se proročьstvo moje *hom. mih. 17*. Beachtenswerth ist in diesen Beispielen die regelmässige syntactische Construction, dass nach dem negativen Praedicat das Object durch den Genitiv ausgedrückt wird: ein Beweis, dass bei ne dêjati, obwohl es einem im griechischen positiv genommenen Ausdruck entspricht, dennoch die negative Kraft des slavischen Ausdruckes im Sprachgefühle fortlebte.

Ausser ne dêj und ne dêjte dürfte diese Bedeutung höchst selten anzutreffen sein. Miklosich führt kein Beispiel an; man liest jedoch in *typ. Sab. hiland. (glasnik XXIV, 220)* folgende Stelle: sicê obrêtaje oboružany i ukrepleny vragъ posramitь se, sujetьno i ćetьno otъbêgaje obličitь se i ne dêjemь daleče otъ vasь otъženetь se, welche Stelle etwa mit „ohne Widerstand" übersetzt werden könnte.

§ 21. Von der dritten Bedeutung dêjati-dicere wird sehr häufig als Fragepartikel die Verbalform dêješi oder dêješi li gebraucht, womit Fragesätze eingeleitet werden. Miklosich vergleicht treffend das lateinische ain (von ais-ne); im griechischen entspricht es den Partikeln ἄρα, μή, μὴ γάρ, τί γάρ, lat. num. Als vollständiges Praedicat eines selbständigen Satzes findet es sich in solchen Beispielen: dêêši (statt dêješi) li, jako mrьtvaago dêlьma moli sę: meinst denn du, dass er des Todten wegen gebeten habe; gleich darauf wird es aber verkürzt, [1] ohne li und ohne jako, und als Fragepartikel also

[1] Eine ähnliche asyndetische oder wenn man will elliptische Construction findet bei dem Verbum ne hati (oder ne hajati) non curare, negligere statt. Imperativ davon lautet ne haj und bedeutet: omitte. Diese Imperativform wird fast von allen slavischen Sprachen als Hilfsverbum zur Umschreibung der 3 Person sing. und plur. des gewöhnlichen Imperativs angewendet, und zwar so, dass zu diesem stereotypen Imperativ das betreffende Verbum im Praesens ind. sing. und plur. ohne jede Conjunction hinzutritt. Z. B. in kleinrussischen: ne haj ne bude zaidanja u mene sъ toboju i vъ mojihъ pastuhivъ s tvojimi (ne sit jurgium inter me et te et inter pastores meos et pastores tuos *gen.*

fortgesetzt: dêêši rečе (statt: dêješi li, jako reče) in der Bedeutung: num dixit, ἄρ' ἔφη *supr. 227*, dêêši li ne vêdêêše, kde pogrebenъ jestъ *supr. 232* (sollte er es denn nicht wissen), o člověčine, dêêši li bo kъ člověku prihodiši (ὦ ἄνθρωπε, ἄρά γε πρὸς ἄνθρωπον προσέρχει) *supr. 265; genes. 37, 10*: ἄρά γε ἐλθόντες ἐλευσόμεθα ἐγώ τε καὶ ἡ μήτηρ σου wird *pent. mih.* also übersetzt: dêješi prišьdъ azъ i mati tvoja sъ bratijeju tvojeju poklonimъ se tebê.

Die Person kann auch wechseln und nicht gerade immer mit dêješi die Frage eingeleitet werden. So liest man *ruth 1, 11* ἐπιστράφητε δὴ θυγατέρες μου καὶ ἱνατί πορεύεσθε μετ' ἐμοῦ; μὴ ἔτι μοι υἱοί

13, 8) bibl. prard. Eben so im polnischen: niechaj się nie cieszą ze mnie, niechaj się hardzie nie podnoszą przeciwko mnie *ps. 38, 17*. Niechaj kann auch verkürzt werden zu niech. Im čechischen ist die gewöhnliche Form nech, im lausitzserbischen njech. Dieses nehaj (niechaj, necha, noch) wurde im slovenischen und im galizischen Dialecte des kleinrussischen zu naj, wie man aus folgenden Beispielen ersieht: ne treba, naj sidjatъ tamъ. *siolo II, 93*, naj Mykyta zaprjaže koni i vidvezo ciu divčinu na selo do materi *ib. 109*, o promovte, naj čuju *ib. 116*, naj ptaška ni tužitъ, zarula ni kuje, naj takъ soloviji ni płačutъ, naj ruskaja zemla Bojana učuje, naj ruski syny ho zobačutъ *fedk. siolo III. 28.* Die Kroaten, Serben und Bulgaren haben nehaj oder neha' zu neka verdichtet und dies ist ihre gewöhnliche Formel. Bemerkenswerth findet man dialectisch in der älteren kroatischen Sprache auch nea gebraucht; doch ist mir dies bisher bei einem einzigen ragus. Dichter, Marin Držić, begegnet: *dubr. 1, 438* liest man nea progje, *439* nea stoji, vrgl. noch *462, 464*.

Das Verbum ne hati ist in einigen slav. Dialecten noch im selbständigen Gebrauch wohl bekannt, z. B. čech: v jeden čas potom přihodilo sě, že ony tři chovačky vyšly z domu a dietěte samého na sieni nechaly *jireč. 167; slovenisch:* če bolj sem mu djal da bodem nehál *vodn. 141.*

Aenliches wiederholt sich bei može, welches statt možetь byti da und možetь da die Bedeutung des latein. fortasse, forsitan annimt. Im polnischen, gross- und kleinrussischen wird das nackte može (neben možetъ) gebraucht, z. B. necháj, kažutъ, lublatcia mołodjahta, može hospodь i zvede jihъ do kupy *vovč. siolo IV, 162*. Die Slovenen haben morde, verkürzt aus more de; die kroatischen Slovenen morti, verkürzt aus more biti, die Kroaten und Serben može da und možda (auch morda).

ἐν τῇ κοιλίᾳ μου καὶ ἔσονται ὑμῖν εἰς ἄνδρας bei *busl. 128* folgenderweise übersetzt: obratita sę dštcri moji, vъskuju ideta so mnoju i dêjeta li i ešte syna moja vo utrobê moej da budeta vama muža. Doch dergleichen Beispiele dürften sehr selten vorkommen. Dagegen wird statt dêješi li sehr häufig dêj li (дѣи ли) als Fragepartikel angewendet. Dass dêj li ebenfalls auf das Verbum dêjati zurückgeführt werden müsse, unterliegt gar keinem Zweifel; es fragt sich nur, von welcher ursprünglichen Verbalform dieser verkürzte Ausdruck dêj herrühre? Nach der vollkommenen Uebereinstimmung der beiden Ausdrücke dêjli und dêješi li in der Bedeutung und Anwendung bin ich geneigt dêj als Verkürzung von dêješi, dêêši, dêši anzusehen. Darnach würde sich dêj zu dêši etwa so verhalten wie das serbokroatische moj, mojte zu mozi, mozite (-mozête) d. h. es wäre Ausfall des Consonanten š anzunehmen. Es kommt übrigens so ziemlich auf dasselbe heraus, wenn man, statt zu sagen š sei ausgefallen, die ganze Personalendung ši abfallen lässt, so wie bei je li (statt jestь li) die wichtigsten Elemente stь entfallen sind. Man kann auch das kroatischserbische o li (speciell in Montenegro gesprochen) damit vergleichen, welches aus oćeš li verkürzt ist, z. B.: oli mi i sad darovati ledenicu ako pogodim *nik. dučić primj. na gorski vijenac u Biogr. 1870 p. 48.* Die vereinzelt vorkommende Form dêje li statt des gewöhnlichen dêj li, aus dem izbornik 1073 belegt, stellt uns den nach Abfall der Personalendung (ši) übrig gebliebenen Verbalstamm (dêje) dar, welcher jedoch gewöhnlich zu dêj verkürzt wurde. Ja statt dêj li wird nicht selten bloss dê li gebraucht: dêj li o ratьnicêhъ jedinêhъ reče· ostavi (num de bellatoribus tantum dixit: mitte) *supr. 329*, dêj li ne можетъ ruka moa izbaviti (μὴ οὐκ ἰσχύει ἡ χείρ *is. 50, 2) busl. 175*, to dêj li ne imamъ ihъ *izb. 1073 vost.*, dêj li izbavitь nasъ (μὴ ῥύσηται *ies. nav. 22, 22) vost.*, dêj li človêčьsko izobrêtenije (num humana inventio) *hom. mih. 106.*, dêj li hoštetь vesь denь orjaj orati *vost.* (in neueren Texten wird statt dêj li die Fragepartikel eda gebraucht): *ies. nav. 9, 7* ὅρα μὴ ἐν ἐμοὶ κατοικεῖς übersetzt eine alte russ. altslov. Uebersetzung *busl. 119*: vižь, dê li vo mnê živeši.

Statt d ê j l i (oder d ê l i) findet sich mitunter d a j l i. Die Verwechselung der Vocale ê und a ist bei diesem Verbum um so gewöhnlicher, da auch sonst d ê t i und d a t i leicht in einander übergehen. So liest man das oben angeführte Beispiel *ies. nav. 9, 7* in dem Text der Bibel 1538: viždъ, daj li vъ mnê živeši, oder *ib. 22, 22:* daj li izbavit ny. Beide Beispiele schreibt Vostokov in seinem lexicon: d a i l i, nicht zu billigen. *Num. 11, 12* μὴ ἐγώ ἐν γαστρὶ ἔλαβον übersetzt *pent. mih.* daj li jesmь začelъ.

Wie d ê j l i zu d ê l i wurde, so wird d a j l i zu d a l i; diese Form der Fragepartikel wird gar nicht selten gebraucht. Die Bedeutung bleibt dieselbe, es entspricht nemlich dem griechischen ἄρα, μὴ, lat. n u m, z. B. da li zmija otlagajetъ starostь a mi ne otložimъ li sja grêha *cyr. hier. vost.* Es gibt zwar auch ein d a mit l i zu d a l i verbunden (vrgl. Mikl. lex. s. v. li), allein auf den Ursprung der Conjunction d a kommen wir weiter unten zurück. Dort wird der Beweis zu führen gesucht, dass auch d a zum Verbum d ê t i gehöre.

Die Fragepartikel d a l i, die ich von d a j l i (statt d ê j l i) ableite, ist in der kroatischserbischen Sprache noch heutzutage gang und gebe: ja beachtenswerth ist es, dass in der älteren kroatischen Sprache noch die Form d a j l i belegt werden kann. So liest man *drž. 390:* oh, daj li bi na to pridrago kamen'je, neben dem regelmässigen und gewöhnlichen d a l i: da li je za službu pravednu plata toj? da li se dostoji nemilos za ljubav *menč. II. pj. 115.*

§ 22. Von dem Verbum d ê t i (-dicere) kann unmöglich getrennt werden die russische Partikel d e, welche den Satz, in den sie hineingefügt wird, als auf eine dritte Person bezüglich und aus ihrem Sinne gesprochen bezeichnet. Diese Partikel dient demnach zur Andeutung einer indirecten Rede oder eines indirecten Satzes. Ohne Zweifel ist d e als Verkürzung von d ê j e t ь, in der Bedeutung des lateinischen inquit, ait, aufzufassen. Man erinnere sich des čechischen p r y (statt p r a v í) [1] und des bei den Serben in der Volkserzählung so häufig wiederkehrenden k a ž e. Die Partikel d e wird

---

[1] Statt p r y wird p r e j, slovakisch auch p r a j, gesprochen. Mehrere Belege dafür vergl. bei Hattala in Čas. čes. Musea 1857 p. 231.

namentlich in der Volkserzählung und Volksdichtung sehr gerne gebraucht.[1] Dalь gibt über diese Partikel in seinem Wörterbuch folgende Erklärung: „eine Partikel, welche die angeführten Worte eines anderen bezeichnet, zur Wiedergabe fremder Worte dient." Der zu häufige Gebrauch dieser Partikel in gemeiner Rede wird durch das Verbum déskatь, dískatь charakterisirt. — Ein solches Beispiel mag aus Dalь's Wörterbuch angeführt werden: on govoritъ ja-de ne pojdu-de, hotь-de čto hošь dêlaj, oder das Sprichwort: onъ-de vretъ-de, a ja-de pereviraju dede. — Die Gebrauchsweise der Volkserzählung wird durch solche Beispiele erläutert: Ivaško vypilъ i poêlъ i stalъ razskazyvatь, čto idu de iskatь sebê nevêsty *afanas. rusk. skaz.* 1, *44*; doložila otcu sъ materьju, čto ubitъ zmêj: vsê de golovy posbivalъ *ib.* III, *47*; stupaj skorêe da skaži ej, čto davno užь gotovy, ždutъ tebja de sъ mužemъ *ib.* IV, *72*. Eben so in der Volksdichtung: kakъ byla-de poêzdka bogatyrskaja *kir.* 1. *41*; i zavidêla de ego moloda žena *ib.* 43, vonъ de êdetъ vъ polê dêtina, šetaetse *ib, 78*, vse li de vъ Kievi po staromu? *ib.* II, *12*; onъ bralъ de pletočku šelkovuju *ib. 27*, a eta de noga mnê ne nadobna *ib. 60*, a i edinoe slovečko povygovoritъ: ja de iz Kieva grozenъ posolъ *ib. 111, 61*; kakъ ty de Volgu sestru znaešь moju? *ib.* V. *48*.

§ 23. Mit der russischen Partikel de ist identisch das kleinrussische dej, wie uns Zakrevskij[2] belehrt, wo zwei Beispiele aus dem Jahre 1605 angeführt sind: imъ o to uspravedliviti, na što dej i listъ esь troj na sebe dalъ; priznala, ščo dej opisano i doložono estь. Vergleiche noch aus der Urkunde des Jahres 1590[3] folgendes Beispiel: episkopъ lьvovskij takъ učinilъ otpovêdь, ižь dej toje bratstvo vodlugъ pristojnosti episkopskoe mnê česti činiti ne hotjatъ[4]. Jetzt kennt das kleinrussische die Partikel desь (des'),

[1] Vergl. Buslaevъ russk. gram. ed II pars I p. 65 § 77.
[2] N. Zakrevskij starosvêtskij bandurista p. 319.
[3] Naukovy sbornikъ IV, 290.
[4] Wenn man die weiter unten näher ausgeführte Ableitung der Conjunction d a berücksichtigt, so wird uns die syntactische Eigenthümlichkeit der kroat. serb. Sprache klar, warum in den untergeordneten Cau-

die man wahrscheinlich ebenfalls als Verkürzung von dêjetь sę wird auffassen müssen. Die Bedeutung entspricht dem deutschen: ja, natürlich, nun ja, allerdings; z. B. vy desь ne zъ inteligencji *siolo. I, 123*: tamъ desь miłyj čornobrivyj po polu hulaje *ševč. siolo II, 9*; a vъ skali tamъ desь hłyboko, tamъ sova desь płače *ševč. ib. II, 20*; a ty desь vъ mohyli u temni nočuješь, *ib. III. 27*, šumitъ kučerjava verba, ta čutno, jakъ rve desь vodu zъ łotokivъ *siolo IV, 167*; oj desь konju pana skinuvъ *bandur. 120*, desь vônъ u školu hodivъ, što vse zna *ib. 410*. Diesem d e s ь (- d ê j e t ь sę) kommt in der Bedeutung ziemlich nahe das kroatische: b i r e k oder b i r e ć, oder man denke an das čechische a r c i, ebenfalls Imperativ r ь c i mit der Conjunction a.

§ 24 Ohne Zweifel ist hieher zu zählen auch die lausitz-serbische Partikel d ź ě, deren Bedeutung Pfuhls Wörterbuch dem griechischen δὲ (?), ἄρα gleichstellt, richtiger aber durch Umschreibung also erklärt: „der Natur, der Sache gemäss." Die Zusammenstellung jedoch mit dem altbulgarischen ž e ist unrichtig, indem aus ž e kein d ź ě hätte entstehen können, ja in derselben Sprache bereits ž o, ž und zo als Vertreter des altslovenischen ž e vorkommen. Neben d ź ě wird in demselben Wörterbuch noch d ź ě n, ja sogar ž d y n angegeben. Ob ž d y n zu d ź ě und d ź ě n gehöre und mit ihnen identisch sei, etwa per metathesim enstanden, ist mir nicht klar. Was die Bedeutung dieser Partikeln anbelangt, so erinnere ich an das oben erwähnte lausitz-serbische Imperfect d ź e š e und an das kleinrussische d e s ь. Zur Erläuterung mögen folgende Beispiele genügen: to 'lěj šak njeje nic njewjesta, to dźě je moja młodša sotšička *Haupt et Schmaler pjesn. I, 34*; ja sym dźěn lubemu slubita, zo 'cu jom' stajna a swěrna być *ib. 77*; moja dźěn dźowka to domach njej' *ib. 125*; bóh daj jemu wjele zboža z teju dźě wjele rjenišej, teju dźě wjele pjeknišej *ib. 159*.

salsätzen bei subjectiver Auffassung der angegebenen Ursache zur j e r (- ježe) oder š t o (- čьto) noch die Conjunction d a hinzukommen muss. Im Satze: ispričava se, jer da je bolestan (quod sit, nicht est, infirmus) ist eben durch die Einschaltung der Conjunction da (- d ê d. h. d ê j e t ь, dicit) dem angeführten Grunde subjective Färbung gegeben.

Für das niederlausitzische sind in dem kleinen Wörterbuch von Zwahr folgende Formen dieser Partikel angegeben; že, žen und žo: er erklärt sie durch das deutsche: zwar, nemlich. Merkwürdiger Weise wurden bereits dort diese Partikeln mit dem Verbum žaś, žeju in Zusammenhang gebracht. Zur Beleuchtung der Gebrauchsweise mögen folgende Beispiele genügen; šotša žen mje tam trjebna njej *Haupt et Schmal. 13;* dalej a šyrej mej bužomej, lubej žen mej se zmjejomej *ib. 14,* komu ja lubcycku pširucu, gaž žem ja na wojnu pośegnu *ib. 15,* daś že wón na wšykno spomnijo, což sebje njega smej groniłej *ib. 28;* jano to rjedne žowyśćo wono tog' gólacka pšošašo: kśjeł že jo domoj pšewožowaś *ib. 32,* rjedne žówčo groń že mje, wo c'ga tu tak tužna sy *ib. 65.*

§ 25. Wo dieses Wörtchen dźě (dźěn, že, žen) neben Imperativ seine Stellung einnimmt, stimmt es in der Function ganz zu dem paraenetischen dêj (auch daj), welches einige slav. Sprachen dem Imperativ als Nachdruck entweder vorausgehen oder nachfolgen lassen. Es scheinen also in dem lausitz-serbischen dźě (-že) zwei Functionen in einem vereinigt zu sein, so wohl jene des russischen de und kleinrussischen des', welches auf dêjetь und dêjetь sę zurückgeführt wird, als auch die auf dem imperativischen dêj (-age, fac) basirende, welche gewöhnlich den Imperativ begleitet. Wenn z. B. im oberlausitzischen in einer Volkserzählung gesagt wird: a wón praji pokaž dźě *(Haupt et Schmal. II, 161)*, so stimmt dies vollkommen zum kroatisch-serbischen: pokaži de und muss auf das altslovenische: dêj pokaži oder pokaži dêj zurückgeführt werden.

Diesem paraenetischen dźě setzt die lausitzserbische Sprache ganz so, wie die kroatisch-serbische es thut, das Wörtchen nu oder no (altslov. ną) vor; daher die Form nó dźě oder nu dźě. Z. B. in der Bibelübersetzung aus dem 16 Jahrhundert liest man *jacob. 4, 13:* nusche zcosch wie ninto prawische, schinsa albo zawitra me chczeme itzi do tego albo do wonego mesta (nach der heutigen Orthographie: nu dźě čož vy ninto prawiće dźinsa albo zajutra chćeme ići), *ib. 5, 1:* nusche ninto wie boghaczy placzte a kwilsche nad waschim wubogstwem, kotore na was prezihitz bucze (nudźě ninto wy bohači płačte a kwilće nad wašim wubogstwem, kotore na was přihić budže). ed. H. Lotze, 22.

Das paraenetische dêj ¹, welches so eben im lausitzischen dźě, u u dź ě nachgewiesen wurde, lebt vorzüglich in den südslavischen Dialecten. Im slovenischen ist die gewöhnliche Form dej, pluralisch d ej t e; bei den kroatischen Slovenen d a j, dajda, dajdar, n u d a, n u d a j; bei den Serben und Kroaten: d e, d e r, d e d, dede, deder, nuder; bei den Bulgaren: dej, nedej, dejte, ne d ej t e. Alle diese so bunt entwickelten Formen reduciren sich auf das altslovenische: dêj, dêj že, ną dêj, ną-dêj-že, dêj-dêj-že. Zur Beleuchtung der Gebrauchsweise stelle ich hier aus dem Gebiete der älteren und neueren kroat. serb. Sprache mehrere Beispiele zusammen: za to gospodine vojevoda nudêrь vašêmь visocêmь razumomь razьgledi i razьberi, je li takoj dostojno *puc. spom. I, br. 288;* nudir pamet otvor' *marul. 203,* nudir procini *luc. 59;* de puče krstjanski pomisli i gledaj *mar. 242;* deder dakle moj dobri težače i pošteni joštere orače namakni der dva dobra pridnjaka *relk. sat. 95,* do mi bratac ponaoštri srpa *ib. 112:* nuder kaži, jer se srdiš *doš. 196,* al' čekaj der moj srdane *ib. 195;* na Holcberg ded' se mrva popni *zanič. 235,* a nudter (d. h. ną dêjte že) malo vidimo *ib. 116;* daj da se ne sudi po samomu prvomu čuvenju *delab. 19,* daj reci joj da mi pomože *živ. 106* ². In der Sprache der Volksdichtung und Volkserzählung: d e z. B. de ne luduj moja vjerna ljubo *petr. ep. 45,* de zapjevaj jasno glasovito *ib. 466,* de se popni drugu na ramena *ogl. srp. 110,* de kaži *prip. vrč. 123,* de da ronimo da gle-

---

¹ Nicht zwar etymologisch, aber syntactisch mag als Parallele das litauische mináu angeführt werden, welches eben so zum Imperativ als paraenetische Verstärkung hinzuzutreten pflegt; vrgl. *Schleicher Don. gloss. s. v.*
² Nach dem Vorbild des italienischen d e h wird auch im kroatischen (in der älteren Sprache dalm. Schriftsteller) d e zu d e h gestempelt: deh neharna ženo luda *bar. gjar. 19,* deh svite proplači *ib. 23,* deh brate grišniče procini dobro *banov. 66,* deh dušo grišna pogledaj u onu grobuicu *ib. 97.* Es hat auch in der Anwendung dieses d e h mehr Aehnlichkeit mit dem italienischen d e h als mit dem paraenetischen slav. d ê j; daher kann man es füglich für entlehnt halten.

damo koji može dublje *prip. 115;* oder nachgesetzt: drž' de *ruk. III, 507,* otidi de *ruk. III, 219,* izidji de *ib. 194,* pošlji de *ib. IV, 62,* upitaj de *ib. II, 256;* nemojde se ti tuda bašiti *ruk lex. 18:* der: der se prodji hoda i belaja *juk. 53,* der da se napijemo *ib. 399,* daj mi der majko za vjerenje ljube *ruk VI, 292.* od' der Maro da igramo *ib. 10, 86,* uzmi der *posl. 350,* okan' der *ruk I, 115,* otvor' der kapiju *vrč. prip. 55,* dovat' der *ruk II, 590,* dones' der *III, 258,* troši der *ib. 193,* digni der, skup' der, stan' der. pogledaj der, izidji der; auch dera: dera kaži svatim kićenijem *juk. 124,* oder dere: dodji dere sestro moja draga *vuk I, 612;* stani dere *vuk III, 566;* ded': ded' pope otvoraj knjige *vrč. prip. 67,* ded' sad ti kazuj cigo *ruk prip. 128,* ded' zapjevaj mi *vuk VI, 102;* dede und deder: dede komšija *posl. 58,* dede reci svojoj vjernoj ljubi *vuk III, 380;* deder kaži mi *vrč. prip. 194,* deder kalugjere pogodi mi tri stvari *ib. 103,* deder meni ti popusti ruke *juk. 59,* deder brate da ga oženimo *ib. 292;* dajde und dajder: dajde more od Budima kralju *vuk II, 518;* nego dajde košulju da je nadjem *posl. 179;* dajder mi onu tikvicu *ruk I, 591;* nud und nuder: nud' pogledaj mlada Mare okolo sebe *ruk I, 25;* nuder seko ako boga znadeš *ib. 594;* in der Mehrzahl dete: dete vi to preskočite *bos. prip. 24.*

Hodi und hodite werden zusammengezogen zu haj-hajte oder hoj-hote; plur. hodimo zu hajmo oder homo. Der Form haj wird gewöhnlich de nachgesetzt: hajde, hajd', ohne h: ajde, ajd; das de kann dann noch einmal wiederholt werden: hajde de. Z. B. a mi homo štogodi zagristit *dubr. II, 176;* ali homo naprijeda, homo *ib. 229;* hajte ljudi da što poslujemo *g. v. 16;* hajd' vladiko *ib. 26;* ajd' mu reci *dik. crnog. 23.*

Beachtenswerth sind solche Fälle, wo de oder der sogar vor der Personalendung steht, hineingeschaltet in das Verbum selbst [1]. So wird hajte gewöhnlich zu hajdete, hajmo zu hajdemo. Vrgl. *milut. dika crnog. 17:* sad svi doma ov čas polazdemo. *ib. 47:* a madžare sloge spomendemo; in der Nationaldichtung: darujdete *(II, 437),* podjiderte *(II, 589),* vrgl. in Vuk's Lexicon s. v. dë.

[1] Eine Parallele dazu bietet das litauische, vrgl. Schleicher's gram. p. 230.

Nebst allen bisher angeführten Variationen dieser Partikel dêj kommt noch eine Form derselben: de l a vor, wozu hinsichtlich der Sylbe l a auf die Partikel a l a (ah!) hingewiesen werden mag. Man vergl. *nov. star. 38:* e dela sad okušaj sreću, *51:* no dela vjere ti pričaj nam dalje. Vielleicht ist dieses d e l a gar als vollständiger nur in Folge der schnellen Aussprache und häufigen Anwendung etwas verkürzter Imperativ dêlaj anzusehen? Dann hätten wir nicht nur d e von dêj sondern auch d e l a von dêlaj.

§ 26. In der neubulgarischen Sprache wird vor allem das negative n e dêj gebraucht: i Budinci i govorjatъ· ne dej na cara ne kažešъ *milad. 86,* surъ jelenъ ne dej utrepva *ib. 188,* ne dej mu glavà otreza *bezson. 212.* Das zweite Verbum steht hier im nackten Praesensstamme statt des dem bulgarischen mangelnden Infinitivs; ne dej mu oči izvъrtaj *bezson. 214*: wenn hier izvъrtaj als Imperativ aufzufassen ist, so haben wir zwei Imperative nebeneinander, wie im serbischen bei d e, d e d, d e d e r. Absolut gebraucht bedeutet n e d e j dasselbe, was im kroatischen durch n e m o j (statt n e m o z i) ausgedrückt wird: thue es nicht, lasse ab: ne dej gospodarju, za što grêhota *erb. 224.* Allem Anscheine nach gehört hieher auch das bulgarische Wort d e j d i mit der Bedeutung: oh, oj; z. B. dejdi bože, zlatenъ bože, oder: dejdi majko, grešna dušo *milad. 49.* Statt d e j d i kommt ganz gewöhnlich noch e j d i vor: ejdi bože, zlatenъ bože *milad. 50.* Daneben diesen beiden Formen d e j d i und e j d i noch sehr häufig, ja gewöhnlich e g i d i und d e g i d i zu lesen sind, (vrgl. *milad. 220*: a egidi moi devetь brakja, *221*: a egidi sestro Angelino, *237*: degidi sinko, Gjuro tъrgovče), bei Bezsonovъ aber statt d e g i d i immer nur d e j g i d i geschrieben wird [1], mit der Erklärung: „aj da molodecь, molodcy" — so vermuthe ich in dem Worte d e g i d i oder d e j g i d i ein Compositum, bestehend aus d e - dêj, und g i d i, wahrscheinlich j i j i d = ein junger tapferer Mensch [2]. Darnach würde dêj g i d i (davon d e g i d i und d e j d i)

---

[1] Vrgl. Bezsonovъ blъgarsk. pôsn. II, 107. Im serbischen bei Raić (Boj zmaja s orlovi 1789) 19: haj djidi, što bi što se učini, Ožakov uzeše, vrgl. Vuk serb. lex. s. v. ђиди.
[2] Berswordt türk. Gram. p. 148.

in der Bedeutung dem kroatisch-slovenischen nudaj junače = macte, entsprechen [1].

Indem, wie wir oben sahen, dêti und dati sei es als Verba sei es als nominale Zusammensetzungen leicht verwechselt werden (vrgl. blagodatь neben blagodêtь, sъdatelь neben sъdêtelь, zdáti neben zdêti), so ist die Möglichkeit nahe gelegt, dass in so manchem daj, welches man als paraenetische Partikel vom Verbum dati abzuleiten geneigt ist, eher der ursprüngliche Imperativ dêj enthalten sei. Wir haben ja ausdrücklich dajda und dajdar neben dede und deder angeführt. Es kann also sehr oft auch das russische daj einem ursprünglichen dêj gleichgestellt werden. Z. B. in der Volkserzählung: ona vzjala u mužika mêšokъ i pošla i nesla-nesla i dumaetъ· daj pogljažu *afanas. skaz. I, 288*; daj i ja ispeku da vo dvorecъ snesu *ib. V, 105*. Dieselbe Bedeutung wiederholt sich im hanakischen Dialecte der čechischen Sprache, in dem Worte deť: deť' mně pomož *erb. 47*, no deť' přece neco *ib.*

§ 37. In den älteren Perioden der kroatischen Sprache (z. B. bei den ragusäisch-dalmatinischen Schrifstellern vorigen Jahrhundertes) begegnet uns sehr haufig das Wort daj in der Bedeutung: saltem, wenigstens, doch. Es ist zwar nicht ganz ausgemacht, ob jenes daj von dati oder dêti abzuleiten wäre; wenn man jedoch all' die mannigfachen Anwendungen des Verbums dêti ins Auge fasst und die so eben hervorgehobene Verwechselung beider Verba dêti und dati berücksichtiget, so gewinnt die Ableitung jener Partikel daj von dem Verbum dêti sehr an Wahrscheinlichkeit. Die Bedeutung, mag man sie nun dem lat. dic oder fac gleichstellen, stimmt ganz gut zur Bezeichnung der Restriction und der daraus sich ergebenden Hervorhebung. Z. B. ako te tužba ma ne giblje, prigni te daj svet crikva tva, ka di: pomozite *mar. 213* (flectat te saltem tua ecclesia), bud' ako ti goriš, svak što ti ne želi: što mene daj moriš? *menč. 52* (quid me salten torques?). Dieses Wort kommt mit budi zusammengesetzt noch heutzutage vor als dajbudi: dajbudi ću povest dosta praha (wenigstens werde ich genug Pulver

---

[1] Vrgl. Bellosztenecz s. v. macte.

mitnehmen) *gorski vijen. 65;* ako nećeš dajbudi dvije, ne ću ni tu jednu *dubr. 11, 298* [1].

§ 28. Zuletzt gelangen wir zur Conjunction d a. Miklosich [2] hat die Vermuthung ausgesprochen, dass d a von dati oder dêti abhängen könnte mit diesen kurzen aber wie gewöhnlich inhaltsreichen Worten „da fortasse pendet a verbo dati ita ut vere sit: concede, vel a dêti ut significet fac." Ich stimme dieser Vermuthung meines Lehrers in ihrem zweiten Theile bei, indem ich die Conjunction d a mit d ê t i, nicht mit d a t i, in etymologischen Zusammenhang bringe. Das entscheidende für mich, um diese Vergleichung vorzuziehen, bietet die Form der Conjunction im altserbischen und slovenischen, wo neben d a nicht selten d ê und d e sich vorfindet [3], ohne das man mit Recht an der Identität dieser drei Formen zweifeln könnte. Nun sehe ich aber keine Möglichkeit aus d a t i neben d a noch d ê (denn d e ist offenbar in Folge ziemlich gleicher Aussprache des auslautenden ê mit e entstanden) zu erklären, während das umgekehrte, nemlich der Uebergang aus d ê in d a schon einige Male uns begegnete.

Ursprünglich war die Conjunction d a auf die beiden Bedeutungen des lat. utinam und des finalen ut beschränkt. In beiden diesen Fällen bedient sich auch das lettische einer ganz deutlich aus dem Verbum entstanden Conjunction; es ist dies l á i, verkürzt aus l a i d i, Imperativ von l a i s t (lassen) [4]. Diese Conjunction wird im lettischen zunächst in Concessivsätzen gebraucht, welche ein Zugeständniss, eine Einräumung aussprechen; z. B. płaunît, brâli, purwju pławas, lái stâw litschi nemłaujami; lái runája, ká runája, nu

---

[1] Dem kroatischen d a j entspricht der Bedeutung nach das russische hotь und hotja, kleinruss. auch hočь, hočà, hočaj, poln. choć (chocie, chociaj, chociaż). Alle diese Formen scheinen ebenfalls dem Imperativ h o š t i oder h o t ê j (vrgl. pol. c h c i e j) ihren Ursprung zu verdanken.
[2] Miklosich lexicon s. v. da p. 151.
[3] Vrgl, Daničić rječnik iz knjiž. starina s. v. d ê und d e ; Murko lex. s. v.
[4] Vrgl. Bielenstein lett. Spr. § 622.

es wairs nebédâju. So im Gebete des Herrn: lái nâk tawa walstiba, altslov.: da priidetъ cêsarъstvije tvoje (eigentlich sollte es heissen nach dem lettischen: vlastъ). Dann steht lái in den Finalsätzen und Bielenstein bemerkt dazu [1]: das Wörtchen lái hat so sehr seine Verbalnatur aufgegeben und so sehr Partikelnatur angenommen, dass es nicht mehr einen Objectsaccusativ regiert, sondern den Subjectsnominativ unberührt lässt; z. B. sakki (sage), lái wińsch ĩnâk (dass er hinein komme), altbulg. etwa: rьci da onъ vъnidetъ.

Aus der ursprünglichen Bedeutung der Conjunction d a erklärt sich auch ihre syntactische Anwendung, namentlich zur Bezeichnung Imperativs. D a i d e m o (eamus) und i d i m o-d e sind nicht nur von gleicher Bedeutung, sondern auch in der Form ziemlich gleich, nur dass im zweiten Falle d e hintangesetzt, und im ersten Falle d a vorangesetzt worden ist.

Pott beachtete nicht die Form d ê neben d a; darum sagt ihm die Ableitung der Conjunction d a von d ê t i weniger zu, als die von d a t i [2].

Gleichen Ursprungs, weil identisch, ist auch die Bejahungspartikel d a (ja), indem man, um von der ursprünglichen Bedeutung auszugehen, dem Wunsche des Fragenden eine Aufforderung, es so zu thun oder lassen, entgegenstellt; z. B. trebaš-li? lautet die Frage, worauf die Antwort mit Aufforderung da d. h. age, fac, folgt. Vrgl. das russ. Sprichwort: komu da, da, požaluj; a namъ vse nêtъ da nêtъ, wo man in der Bejahung ebenfalls noch die ursprüngliche Aufforderung heraushühlt.

V. Wurzel de (dê) als Wortbildungselement im slavischen.

Nachdem alle diese, im Sprachbewusstsein kaum noch lebenden oder wenigstens ihrem Ursprunge nach gänzlich verdunkelten Wörtchen auf ihre letzte Quelle zurückgeführt und nebeneinandergestellt worden sind, sollen auch noch die Fälle einer näheren Prüfung unterzogen werden, wo sich auf dem Gebiete der slavischen Sprachen

---

[1] a. a. O. § 623.
[2] Wurzelwörterbuch I 113, vrgl. auch Praepositionen 354.

sei es in einzelnen Wörtern sei es in ganzen Wortclassen bei gehöriger Vergleichung mit den übrigen verwandten Sprachen die Wurzel dê als ein Bestandtheil der Composition oder Derivation nachweisen und loslösen lässt.

§ 29. In Uebereinstimmung mit Miklosich finde ich zunächst in einigen Substantiven die Wurzel dê enthalten.

sądъ (instrumentum, vas) nblg. sъd (vas), kroat. serb. sud, slov. sôd, čech. sud, poln. sąd, russ. suda (oder ssuda) plur. sudy (ssudy) auch sosudъ, ls. sud (sudk, sudźik). Das Wort ist von sъ-dê-ti, eigentlich von sъ und dê, mit Suffix ъ gebildet, vor welchem das auslautende, wenn auch wurzelhafte ê schwinden musste. Statt sъ ist die stärkere und ursprünglichere Form der Praeposition są zur Composition verwendet worden. Miklosich vergleicht das lateinische Wort condus [1].

Gleichartig ist gebildet pridъ, eigentlich additamentum, lucrum: rizu sъ pridъmь istjažjutь (μετὰ κεταλλαγῆς), vost. erklärt „sъ primireniemъ", das griechische καταλλαγή bedeutet aber auch „Zugabe" — und dies meinte hier der slavische Uebersetzer. Im serbischen bedeutet prid die Daraufgabe bei einem Tausch *(Vuk's lexicon)*, daher in der Schriftsprache für agio gebraucht. Slovenisch, nach Murko, prid gen. pridu: Nutzen, Fleiss, daher das Adjectiv priden (nützlich, fleissig), Verbum priditi und pridovati (nutzen), ispriditi (verderben, unbrauchbar machen). Merkwürdig verhält sich zu dieser slovenischen Wortfamilie das kroatische prud (Nutzen), prudan (nützlich), pruditi (nützlich sein), prudnost (Nützlichkeit). Diese Wortgruppe kommt nur in den südwestlichen Theilen des kroatisch-serbischen Sprachgebietes vor, namentlich am adriatischen Meere und bei den kroatischen Slovenen. Schon die ältesten dalm. Dichter kennen diese Wörter, so *luč. 50*: bude li mi, ne vim, s prudom ali brez pruda. Wenn

---

[1] Miklosich führt in seinem Wörterbuch s. v. sądъ das kroat. slov. Verbum posôditi (posuditi) mutuum dare an, indem er es wahrscheinlich als denominativum von sądъ betrachtet. Es findet sich aber bei Nesselman das litauische Substantiv samdas (Miethe, Pacht) und das Verbum samdyti (miethen, dingen), vrgl. auch *Schleicher Donal. 282*.

man das kroatische p r u d mit dem slovenischen p r i d vergleicht, so ist der Wechsel des Vocals sehr befremdend, ja unerklärlich; und dennoch hält es schwer, die sonst in der Form und Bedeutung so ganz übereinstimmenden Wörter als nicht verwandt zu trennen[1].

Ganz wie sądъ und pridъ scheinen ferner folgende, gewöhnlich als Praepositionen fungirende Substantiva gebildet zu sein:

zadъ (pars postica, dorsum, tergum), local zadê (post, a tergo), von der Praeposition za und dê;

nadъ (pars superior, super) von na und dê,

podъ (pars subterior, sub) von po und dê,

prêdъ (pars anterior, ante) von prê und dê,

poslêdъ (tandem, postea) von poslê und de.

Ueberall hier kann man mit Miklosich [2] die Zusammensetzung der betreffenden Praeposition mit der Wurzel dê vermuthen, so dass diese beiden Compositionselemente mittelst Suffix ъ, vor welchem das auslautende ê abfiel, substantivirt worden wären. Mehr als unsichere Vermuthung soll damit nicht behauptet werden. Wenn aber Pott[3] die Praeposition podъ von po und od ableiten will, so muss diese Ableitung, abgesehen von allen anderen Umständen, schon desswegen zurückgewiesen werden, weil ja die älteste Form der zweiten Praeposition nicht odъ, sondern otъ. lautete[4].

Suffix ъ kann mit ь wechseln, so in: zadь, prêdь, poslеdь; darnach ändert sich das Geschlecht und die Declination. Mit dem Suffix ьъ, d. h. ja, jo (io) ist gebildet zaždь, und davon abgeleitet: sъzaždije.

[1] Nachträglich (nach brieflicher Mittheilung) wird meine Vermuthung, dass prud dennoch mit prid nichts gemein habe, durch Miklosich's Erklärung bestätigt. Er leitet des kroatische Subst. prud von dem roman. prode ab, sieht es also für entlehnt an. Näheres darüber in seiner demnächst zu erscheinenden Abhandlung über die romanischen Elemente im Albanesischen.

[2] Miklosich lex. s. v. zadъ

[3] Pott's Praepositionen 278.

[4] Dass die slav. Praeposition otъ mit dem altind. atas zusammenfallen dürfte, ist bereits von Bopp (vergl. Gr. II, 244) bemerkt worden. Diese Meinung theilt jetzt auch Miklosich, lex. s. v., Hattala (Č. Č. M. 1857, 244), u. aa.

In derselben Art gebildet denke ich mir noch: zapodъ (latebra, Versteck), Winkel; man vergleiche die Bedeutung des Verbums podêti: bei Seite legen, also zapodъ ein entlegener Ort; ferner sъnadь (auch snadь geschrieben) superficies, Oberfläche, von sъ und nadь. Wenn in diesen beiden Wörtern je zwei Praepositionen zusammengesetzt erscheinen, so hat dies nichts auffallendes an sich, kann sogar durch die Analogie eines dritten hieher gehörigen Substantivs beleuchtet werden, nemlich prinada (προσθήκη, additamentum), welches Wort in einem altrussischen Denkmale vom Jahre 1073 einige Male vorkommt und bereits von Miklosich (lex. s. v.) als zusammengesetzt aus pri-na-dê und mittelst Suffix a substantivirt, erklärt worden ist. Zu prinada gehört das denominativum prinaditi (addere) und sein intensivum prinaždati.

Statt Suffix ъ erscheint Suffix o bei dem sonst auf dieselbe Art gebildeten Substantiv obьdo (thesaurus); davon ist weiter gebildet das Adjectiv bezobьdaj (pauper).

§ 30. Nach der gewiss richtigen Ableitung Miklosichs gehört endlich hieher das Substantiv zъdъ, zьdъ, zьdь, zidъ: materia, terra figularis, hauptsächlich aber murus (κέραμος, ὄστρακον, τοῖχος). Nach den einzelnen Compositionstheilen hätten wir sъdъ erwartet, welche Form auch wirklich bei Miklosich belegt ist. Den Uebergang des s in z muss man der Nähe des tönenden Dentals d zuschreiben, so wie ja das Verbum sъdêti sehr leicht in zdêti übergehen konnte. Eine solche Assimilation, ohne Rücksicht auf den dazwischen stehenden Halbvocal, ist namentlich bei solchen Wörtern leicht möglich und erklärlich, deren Bedeutung in Folge einer Begriffsentwickelung den einzelnen Compositionstheilen nicht mehr nahe genug lag, um die vollständige lautliche Form im Sprachbewusstsein aufrecht zu erhalten. Man denke z. B. an zdravъ neben dem richtigeren aber viel seltener vorkommenden sъdravъ. So wird es wohl sehr früh auch bei unserem Wort der Fall eingetreten sein, dass zъdъ statt sъdъ, namentlich aber zъda oder zda statt sъda, zъdu statt sъdu, etc. gesprochen und geschrieben wurde. Auch ist es bekannt, dass gerade die Praeposition sъ in einigen slav. Sprachen ihr s meistens oder auch immer zu z herabsinken lässt, so dass selbst bei Trennung der Praeposition vom Worte mittelst eines eingeschobenen Vocals, nicht mehr s, sondern z, zum Vorschein kommt.

Uebrigens wurde hier abermals das Verbum dêti mit dati verwechselt, und statt sъdêti gewöhnlicher zъdati angewendet. Der wahre Ursprung dieses Verbums verdunkelte sich bald so sehr, dass ohne die Composition zu spüren, ein neues Praesens ziždą (auch zyždą), ziždeši, gebildet wurde; eben so ein neuer Infinitiv zidati, welcher neben ziždą noch zidają als neue Praesensform zu sich nimmt. Zu zъdati-ziždą kann man vergleichen žьdati praes. židą, nur dass bei ziždą Praesens mit, bei žьdą ohne j, gebildet worden ist. Im čechischen lebt das Verbum zditi zdím (Steine mit Kalk verbinden, mauern), welches noch näher an das altslovenische sъdêti anklingt.

Um die beiden Verba zdati und sъdêti gruppirt sich eine grosse Anzahl von Nominalbildungen. In den ältesten Denkmälern ist hauptsächlich das Verbalsubstantiv zъdanije vorhanden: pristąpišę učenici kъ Jisusu pokazati jemu zъdanija (τὰς οἰκοδομίας) ostrom., prêžde zъdanija ti propovêdьno (ante creationem) srezn. 149, o zъdanii (περὶ κτίσεως) op. 2, 2, 289, zъdanije: πλαστούργημα ib. 301.

Auch in zdatelь (statt zъdatelь) neben sdêtelь (statt sъdêtelь) ist der Zusammenhang der Form so wie der Bedeutung offenbar: conditor, creator, aedificator: zъdatelja blaga (πλάστην ἀγαθόν) vost.. i ašte i vьse têlo sъdrobljeno budetь, imami zdatelja izvêstьna paky to svêtlêjše sъstaviti glasn. XXI, 116; daneben: gospodi vse tvari sdêtelu sav. typ. hil. glasn. XXIV, 179; i povi jego jako mladênьca vьsačьskyiшь sъdêtelja prol. rad. 54. Vergleiche noch zъdanъ: sъsudy zdany (σκεύη κεράμου) neben zъdênъ; sъsądy zъdêny bei vost., oder: posredê kamenьja zъdanaago srezn. 160 neben: jeliko ubo jestь nasъ drêvenъ i zъdenъ ib. 175.

Zъdati und zъdanije können abermals mit der Praeposition sъ verbunden werden, wozu zu vergleichen sъzbrati statt sъsъbrati (colligere) oder sъsądъ neben sądъ (vas); z. B.: gospodi ty prêžde sъzъdanija razumê *srezn. 150*, wozu ein anderes, fast eben so altes Denkmal die Parallele liefert: s ъ d ê j a n i j a, also auch hier ist s ъ z ъ d a n i j e identificirt mit s ъ d ê j a n i j e.[1] Uebrigens sind die Formen z i z d a t i und z i ž d a t i kaum aus s ъ z d a t i zu erklären, obwohl uns das altkroatische z i b r a t i (d. h. i z ъ b r a t i) und das kleinrussische z i b r a t i (d. h. s ъ b r a t i) eine wenigstens halbwegs zutreffende Analogie bieten, mir scheint vielmehr z i z d a t i und z i ž d a t i ein aus dem Praesens ž i ž d ą falsch erschlossener Infinitiv zu sein. Dieser Ansicht ist auch Grot betreffs des russ. Infinitivs z i ž d i t ь [2].

In der serbischen Sprache existirt neben z i d, welches dem gleichlautenden kirchenslavischen z i d ъ entspricht, noch eine namentlich in Crna gora gebräuchliche Form z â d, zurückzuführen auf die altslov. Form z ъ d ъ, z. B. teke vidi, kakvi su ni zadi *Milut. dika crnog. 41*, vergl. in *monum. serb. 106* : i da su volni zidati zadi, torne.

Zu allen diesen Wortbildungen finden sich treffliche Analogien und theilweise willkommene Erläuterungen im litauischen, aufgezählt in *beitr. I, 236*; a p d a s oder a b d a s (slav. o d e ž d a) Kleid, Gewand; p r ë d a s (slav. p r i d ъ) Zugabe, Drauflage; i ž d a s (i s z d a s) Schatz, vrgl slav. o b ь d o ; i n d a s Gefäss, in das man etwas legt, vrgl. *nesselm. 27*; s ą d a s oder s u d a s (slav. s ą d ъ) Gefäss, Geschirr ; u ž d a s Ausgabe, Zulage.

Bekanntlich liebt auch das altindische Zusammensetzungen, deren zweiter Theil d h i (von der W. d h â) enthält, und zwar nicht nur mit einem Nominalthema im ersten Compositionstheil *(sanskr. Wört. III, 959 s. v. 3 dhi)*, sondern auch mit Praepositionen, wie z. B. in n i d h i (Aufstellung, Untersatz, Behälter, Schatz) *sanskr. Wört. IV, 154*.

[1] J. Schmidt's Behauptung, dass altb. z ь d a t i, z i d a t i (condere) mit sanskr. d h â nichts gemein habe, hätte also doch nicht so ohne jede Begründung sollen hingestellt werden, *Beitr. V, 468*.

[2] Отчетъ о четвертомъ присужденіи ломоносовской преміи СП. *1870, 35*.

Endlich erwähne ich noch eine Vermuthung Miklosich[1], zu der ich weder etwas positives noch etwas negatives beizubringen im Stande bin. Zu Substantiv z ъ d ъ rechnet nemlich Miklosich noch das als Thema anzunehmende p r a z d ъ (eigentlich p r a-z ъ d ъ), davon Adjectiva p r a z d ь n ъ und n e p r a z d ь n ъ; p r a z d ъ wird als zusammengesetzt aus p r a und z ь d ъ (materia) betrachtet und also erklärt: p r a z d ъ = ohne Materie, ohne Stoff, folglich p r a z d ь n ъ = den Stoff weg habend, des Stoffes baar, also: leer, inhaltslos.

§ 31. Zu p r i n a d a hätten wir treffende Analogie, was den zweiten Theil des Wortes anbelangt, in u z d a (frenum), wenn man in diesem d a die Wurzel d ê suchen dürfte. Miklosich[2] stellt die Frage auf, ob nicht etwa u z d a von v ъ z-d ê abzuleiten sei? Es ist jedoch kaum glaublich, dass von v ъ z-d ê-t i die Form des Substantives u z d a, und nicht vielmehr v ъ z d a lauten würde. Sollten wir nicht eher im ersten Theil des als Compositum aufzufassenden Wortes das Substantiv u s t a suchen? Dann wäre das slavische Wort u z d a beiläufig in der Weise zu erklären, wie Pollux das griechische Wort χαλινός umschreibt: τὸ εἰς στόμα ἐμβαλλόμενον[3]. Dieser Erklärung widerstreitet jedoch die Form des Compositums, insofern es kaum möglich ist anzunehmen, dass u z statt u s t o, u s t ъ, u s t, in Folge einer Verstümmelung eingetreten wäre. Allein man findet auch solche Composita, deren erster Theil in seiner Form keineswegs auf ein jetzt in der Sprache lebendes Wort zurückgeführt werden kann, z. B. s u n o v r a t (altsl. etwa s l ъ n o v r a t ъ?), etc. Sollte also nicht vielleicht auch in u z d a (gleichsam u s t o d a) ein ähnlicher Fall vorhanden sein? Dann hätten wir im ersten Compositionstheile des Wortes u z d a eine des Suffixes t a entblösste, sonst in der Sprache allerdings nicht vorhandene Wortform, so zu sagen die nackte Wurzel u s (nach Miklosich u d).

Auch in dem für's slavische als entlehnt anzusehenden Substantiv m ь z d a muss nach der gewöhnlichen Erklärung der zweite Theil des Wortes d a von der Wurzel d h a hergeleitet werden; denn

---

[1] Beiträge I, 288.
[2] Lexicon p. 1043 s. v. uzda; bereits in Radices p. 100.
[3] Vrgl. Curtius grundz.³ 349.

das slavische m ь z d a, entlehnt aus dem gothischen m i z d ô und dieses aus dem griechischen μισθός, weist zulctzt auf das altbaktrische m i z h d a hin, welches von Windischman [unter Beistimmung Justi's [1] als Compositum von m i s und d ā (-d h ā, θη) angesehen wird.

Hieher wäre noch zu zählen das slav. Wort g n ê z d o, wenn man das ohne Zweifel verwandte altindische Substantiv n i d a (Nest) von n i (herab, unten) und d h a (legen) Ableiten dürfte. Diese Erklärung des altindischen Wortes liest man bei Miklosich *lex. s. v.*; ob sie von ihm selbst auch herrühre, ist mir nicht bekannt. Die gewöhnliche Erklärung des altind. n î d a geht darauf aus, das es aus n i und s a d zusammengesetzt sei [2]: im Petersburgerwörterbuche wird vermuthungsweise n i und i l angegeben, welcher Ableitung jedoch die slav. und germ. Form des Wortes entgegenstehen. Miklosich erklärt z als eufonischen Zusatz; dem widerspricht jedoch nach meiner Ansicht die Wiederkehr desselben Lautes in der litauischen (l i z d a) und germanischen Form (n e s t), so wie die beachtenswerthe Länge des Vocals im latein. n ī d u s und altind. n ī d a. Fick [3] stellt fürs indogermanische die Form n i s d a auf. Wie man

[1] Justi Handbuch der Zendsprache 233, vrgl. auch Pott Wurzelwörterbuch I, 148.

[2] So Benfey, vrgl. Böthlingk et Roth Sskr. Wört. IV, 284; Kuhns Zeitschr. XIV, 429; Pott I, 311; Delbrück in Zeitschr. f. deutsche Philologie I, 153.

[3] Fick, Wörterb. d. indogerm. Grundsp. 105. Da übrigens dem slavischen Anlaut g n sowohl im altind. und latein. als im germ. und celtischen ein einfaches anlautendes n gegenübersteht, so wird man durch diese Uebereinstimmung so vieler Sprachen bestimmt das anlautende g im slavischen als Prosthesis aufzufassen, wie es auch Miklosich thut. Nebst g n ê t i t i, welches Miklosich zur Beleuchtung dieser Erscheinung anführt, möchte ich auf ein, nach meiner Ansicht, viel bestimmteres und sichereres Beispiel als Analogie hinweisen, nemlich auf das kroat. Verbum g n j u r i t i, p o g n j u r i t i statt n u r i t i, n o r i t i, p o n o r i t i (urinari); p o g n j u r i c e (urinans) *vuk.* statt p o n o r i c e *mik.* Daher das Substantiv g n j u r a c (urinator, mergus) *vuk.* neben dem älteren n o r a c, altsloven. n r ê t i und n o r ь c ь. Statt des prosthetischen g erscheint im kroat. slovenischen (kajkavischen) Dialect das epenthetische

daraus ersieht, keine von den bisher versuchten Erklärungen des Wortes befriediget vollständig.

§ 32. Endlich gibt es eine ganze Reihe von Partikeln, die im griechischen auf θα, θε, θι, im zend auf d h a, im Sanskrit auf d h ā, h a. endigen. Namhafte Sprachforscher leiten dieses Suffix von dem Verbalstamme d h ā (θη, d h a, θε) her. Böthlingk und Roth fassen in den altind. Zahladverbien d v i d h ā́, t r i d h ā́, č a t u r d h ā́ etc. das Suffix d h ā als Instrumental eines Substantivs d h ā auf, welches sie von der Wurzel d h ā abstammen lassen [1]; eben so sprechen sie bei a d h a (da, dann), die Vermuthung aus, dass diese Partikel in der Wurzel d h ā ihren Ursprung haben möchte [2]. Dieser Ansicht tritt auch Pott ihrem ganzen Umfange nach bei [3]. In Folge dieser Erklärung, die nach meinem Dafürhalten mehr Wahrscheinlichkeit für sich hat, als die Corssenische Ableitung der lateinischen Suffixe d o, d e von der Wurzel d i v [4], hätten wir auch im slavischen eine Reihe von Adverbien, deren Suffixe mit der slav. Wurzel d e (d ê) im Zusammenhang stünden. Wenn z. B. im Zend das Adverbium a v a d h a aus a v a und d h a besteht, welches d h a verbalen Ursprungs wäre, so empfiehlt sich auch für das slavische Adverbium o v ъ d ê eine ähnliche Erklärung: es klingt auch recht gut die Umschreibung o v ъ d e: „in dieser L a g e", d. h. hier:

d: p o n d r e t i, p o n d i r a t i, p o n d u r e k. Zur Beleuchtung des litauischen l in l i z d a (neben dem slav. g n ê z d o) soll auf ein wenigstens zum Theil ähnliches Verhältniss zwischen dem slav. g u j i d a (g u j i d a) und dem litauischen g l i n d a s hingewiesen werden. Lit. l i z d a verhält sich zum slav. g n ê z d o ähnlich wie latein. l e n d e s zum slav. g n i d a. Das prothetische g erscheint auch im slav. g ą s é n i c a gegenüber ą s é n i c a, abgeleitet von ą s é n ъ (barbatus), mittelbar also von ą s ъ (barba) lit. u s a s plur. u s a i.

[1] Petersburger Sanskr. Wörterbuch III, 930.
[2] a. a. O. III, 851.
[3] Pott Praepos. 279; Wurzelwört. I, 144.
[4] Gegenüber der Corssenischen Ableitung müsste man die Annahme Bréal's, es sei für das Indoeuropäische ein Pronominalthema „d a" aufzustellen, viel wahrscheinlicher und natürlicher finden, vrgl. *Mémoires de la société de linguistique de Paris I fasc. 3. „le thème pronominal da"*.

eben so kъdê (kъde): „in welcher Lage", d. h. wo. Darnach hätten wir in den slav. Adverbien: kъdê, ovъdê, kądê, kądu etc. ursprüngliche, uralte Composita vor uns, die nach ihren verschiedenen Auslautssylben zu urtheilen casusartig erscheinen; doch ist die nähere Angabe einzelner Casus fast unmöglich. Den sehr gewagten Combinationen Scherers [1] mag ich nicht weiter folgen.

Wenn ich nun die slavischen Suffixe de, dê, dy, du auf die ursprüngliche Verbalwurzel dha zurückführe, wie dies auch G. Curtius für die griechischen Suffixe θα (θε), θι, θεν als mögliche Erklärung zugibt, [2] so ist dies der nächste und natürlichste Weg, um auch für die slavischen Zahladverbia dvaždy, triždy, četyriždy, pętiždy,..mnogaždy, jeliždy etc. in ihrem zweiten Theile eine Erklärung zu versuchen. Wenn J. Schmidt [3] das žd, welches in diesem Suffixe zum Vorschein kommt, nach dem bekannten Lautgesetze des altslovenischen aus dj entstehen lässt, so darf man nicht ausser Acht lassen, dass dieser Erklärung, die sich sonst durch natürliche Leichtigkeit so wie treffende Analogien empfehlen würde, einige nicht unbedeutende Schwierigkeiten im Wege stehen. Es ist zunächst auffallend, dass dieses Suffix in den ältesten Sprachquellen regelmässig ždy lautet, während man weiss, dass nach ganz bestimmten slav. Lautgesetzen einem jotirten d (das ist eben žd-dj) nie y (ы) nachfolgen darf. Ferner glaube ich, dass auch das Suffix ždo (in kъždo, kyiždo etc.) hieher gehören und gleichen Ursprungs sein dürfte, welches schon ganz und gar nicht als djo erklärt werden kann, da es demselben Lautgesetze noch ärger widerspricht. Endlich ist noch die Schreibweise dvažьdy (auch dvašьdy!), mnogažьdy (auch mnogašьdy!) zu beachten, die uns in den ältesten Quellen sehr häufig begegnet. Aus diesen Gründen scheint es mir rathsam, jenes ž oder žь von dy, do zu trennen, so wohl in den Zahladverbien dvažьdy (dvaždy), mnogažьdy (mnogaždy) als auch im Pronomen kъždo, kyiždo. Doch woher dieses ž oder žь? Etwas bestimmtes wüsste

[1] Zur Geschichte der deutschen Sprache 302 ff.
[2] Zur Chronologie 258.
[3] Kuhns Zeitschrift XVI, 439.

ich nicht darauf zu antworten, bloss vermuthungsweise möchte ich folgendes erwähnen. Bekanntlich kommen statt der Adverbialformen kъda, tъdy etc., wie man erwarten sollte, kъgda, togdy etc. vor; daneben existiren, aber auch die Formen: kъgy, togy, jega:[1] man kann also nicht nur diese Suffixe gda-gdy und ždo-ždy als gleichartig nebeneinanderstellen, sondern ich bin sogar geneigt darin ein doppeltes Element zu suchen, nemlich go (gъ)-že (žь) und da-de-dê-do-dy-du. Das erste Element go (vrgl. ne-go) oder že würde dem altindischen gha, griech. γε; das zweite da-de-dê-do-dy-du dem altind. dhā, dha, griech. θα, θε entsprechen.

In wiefern etwa unser Verbalstamm auch in den mit d anlautenden Wortbildungssuffixen enthalten sei, ist schwer zu bestimmen. Z. B. das Substantiv zlêdь, wovon das denominative Verbum zlêditi und zlêdovati, ist offenbar von zъlъ (malus), mit suffix dь oder êdь (-jadь) abzuleiten. Wenn man dieses Suffix dь mit dem Verbalstamm de (dê) in Zusammenhang bringt, so findet man in zlêdь treffende Analogie zum lat. maleficium in der Bedeutung, wie es *Caes. bell. civ. II, 20* gebraucht: atque in foro et porticibus sine maleficio consedit. Man vergleiche dazu aus *mon. serb. 2* folgende Stelle: drъžati e bezъ vьsakoe zъledi: sustentare illos sine omni maleficio. — Dem factisch vorhandenen zlêdь entspricht in der Bildung ein nach dem russ. mokredь vorauszusetzendes mokrêdъ, wovon das Adjectiv mokrêdivъ. Wenn man mokrêdivъ als „nassgemacht" erklärt, so wird man an die bekannte, von Pott und anderen vorgeschlagene Ableitung des lat. madidus erinnert. Pott leitete nemlich bereits in der ersten Auflage *Et. Forsch. (II, 115, 365, 567)* das Adjectivsuffix -do vom Thema dhā-θη ab und dieser Ansicht bleibt er treu auch in der zweiten Auflage desselben Werkes *(Et. Forsch. II, 1, 481.)* Desgleichen vermuthet auch unter anderen Schweizer-Siedler indem er *(Elem. und Form. der lat. Sp. 120)* von den Suffixen mit d im lateinischen ausspricht, dass sie eigentlich aus einem Verbalstamme entspringen mögen. — Wie zlêditi zu zlêdь, im gleichen Ver-

---

[1] Vergl. Mikl. lex. s. vv.

hältniss steht auch b ê d i t i zu b ê d a und dieses darf kaum getrennt werden von lettischen b é d a (Sorge, Angst, Kummer), welches Substantiv mit dem Verbum b î d ó t als Factitivum zu b i t i s in etymologischen Zusammenhang gebracht wird. Auch das litauische kennt b ĕ d à *(Schleich. donal. 174)* neben dem Verbum b a i d y t i (scheuchen): die beiden Vocale ē und ai dürften sich zu einander verhalten wie in d ë g a s (Keim) zu d a i g i n t i (keimen machen.) *Schleich. lit. gr. 49.* [1]

Analog vielen griechischen Substantiven auf θ ο ς (wie ἔθος, πλῆθος) scheinen auch einige slavische Neutra auf - d o gebildet zu sein. Man vergleiche slav. s t a d o was das Suffix anbelangt mit dem homerischen ἤ θ ο ς und Curt. Grundz. Nr. 305 dazu. Die Ursprüngliche Bedeutung des Wortes dürfte sein: das zum stehen d. h. zusammensein gebrachte, folglich im Stalle gehaltene (Vieh), gegenüber dem wild und einsam herumlaufenden. Mit s t a d o gleicher Bildung was das Suffix betrifft scheint g o v ę d o zu sein, so wie auch č u d o.

Mit mehr oder weniger Wahrscheinlichkeit kann man noch den Verbalstamm d ê als Wortbildungssuffix vermuthen in p l o d ъ (von p l o d i t i), von der W. p ъ l (voll), so dass p l o d ъ eigentlich das vollgemachte, zur Fülle oder Reife gebrachte bedeuten würde; ferner in p ę d ь, falls es von der W. p ь n (spannen) und Suff. d ь herrührt, so dass p ę d ь die gespannte Lage (der Hand) zu bedeuten häte; daher auch das kroat.-serb. Verbum r a s p e d i t i, welches ich bei *Nović star. 27* zuerst gefunden habe in diesem Beispiel: da mu izmedj prvijeh nogu raspedim dvije moje pedi. Fraglich ist es, ob man noch das Subst. t r u d ъ, etwa von der W. t r y - t r u d Suff. d ъ, [2] ferner die Adjectiva s ê d ъ, von der W. si und Suffix d ъ,

---

[1] Die Zusammenstellung des litoslavischen b ê d a mit dem griech. π ά θ ο ς, wie sie Grassmann *(zeitschr. XII, 120)* versucht hat, wurde bereits von G. Curtius *(grundz.* [3] *654)* mit Recht zurückgewiesen.

[2] Neben den bekannten Bedeutungen dieses Wortes vergleiche noch: *polk. igor.* crъpahutъ mi sinee vino sъ trudomъ smêšeno, übersetzt von Erben: nalévali mi siné víno s otravou smíšené *(Abh. d. königl. böhm. Gesell. VI. folge, III. B. p. 6.)*

tvrъdъ, von d. W. tvъr und Suff. dъ, mladъ, von der W.
mla und Suff. dъ (vergl. das griechische μαλ-ακός), und etliche andere herbeiziehen dürfte.

VI. Wurzel de (dê) bei einigen Verbalstämmen in der slavischen Conjugation.

§ 33. Das slavische Verbum dêti oder eigentlich seine Wurzel de, scheint noch auf eine dritte Art und Weise in den slavischen Sprachen fortzuleben, ebenfalls so sehr verdunkelt, dass man ihm nur durch die Vergleichung verwandter Sprachen auf die Spur gelangen kann. Schon längst versuchte Bopp in seinem Conjugationssystem einige grammatische Formen der gothischen Sprache in der Weise zu erklären, dass er sie mit Hilfe jenes Verbalelementes, welches dem Verbum „thun" entspricht, gebildet oder abgeleitet werden liess. Seine Erklärung, nur hie und da berichtigt wurde von J. Grimm gutgeheissen und angenommen. Seit jener Zeit theilt man auch allgemein die Ansicht, dass das Perfect der abgeleiteten Verba mit Hilfe des Verbums „thun" gebildet sei. So zuletzt L. Meyer,[1] der zu den an einem Beispiele satida (setzte) aufgezählten Formen folgendes hinzufügt: „wir haben in dieser Bildung nichts anderes als die alte Zusammensetzung eines selbstständig flectirten Perfectes mit dem Verbalstamm. Jenes da, dês, de ist das alte Perfect eines im gothischen nicht selbständig erhaltenen Verbums, das im Infinitiv, wahrscheinlich dôn lautete und unserem thun genau entsprach, so wie anderseits dem altindischen dha, dem griechischen θε, und dem lateinischen de in condere."

In derselben Weise erklärt man auch den griech. Aoristus pass., so wie manche anderen Verbalstämme der griechischen Sprache, über die G. Curtius *Grundz.*[3] *p. 62—63* nachzusehen ist. Die Schwierigkeiten der Erklärung des passivischen Sinnes sind hervorgehoben von Curtius *Zeitschrift 1, 25* und *Erläuterungen p. 112.*

---

[1] L. Meyer die goth. Sprache § 139; vergl. Bopp vergl. Gramm. § 621 und 630.

Scherer nimmt an, auch das lateinische Imperfect auf b ā m sei von derselben Wurzel gebildet, folglich b ā m statt d h ā m [1]; dem widerspricht dennoch er selbst dadurch, dass er im Futurum -b o, -b i s-b i t von f u i o, f u i s, f u i t ableitet. [2] Es bekämpft ihn in diesem Sinne Corssen, [3] während Schleicher [4] seine Erklärung lautlich gerechtfertigt findet und auf die Analogie des litauischen Imperfectums hinweist.

§ 34. Diesen Erscheinungen der griechischen und gothischen Sprache entsprechend fand Pott bereits in der ersten Auflage seiner etymologischen Forschungen [5] einige Parallelen im lettischen, wo viele Verba im Praesens den dentalen Consonanten d enthalten. Bielenstein führt in der IX Classe seiner Anordnung viele Verba causativa an, die im Stamme eine Verstärkung mittelst des Consonanten d enthalten so: b i d é t (schrecken) gegenüber b i t î s (sich fürchten), d z î d é t (heilen) gegenüber d z í t (heil sein), p û d é t (in Faulniss versetzen) gegenüber p û t (faulen), m é r d é t (tödten, morden) gegenüber m i r t (sterben) etc. Bielenstein will zwar nicht zugeben, [6] dass dieses d irgend welche weitere als bloss euphonische Bedeutung haben sollte; doch beweisen seine dafür angeführten Gründe gar nichts. Denn wenn man auch nicht in Abrede stellen kann, dass viele Beispiele einer solchen Deutung entgegen sein möchten, so darf andererseits nicht ausser Acht gelassen werden, dass die Sprachen nach der Analogie der einmal eingeschlagenen Richtung das ihnen bereits bekannte und geläufig gewordene Mittel sehr häufig über die eigentlichen Grenzen hinaus anzuwenden pflegen. Dazu ist Bielensteins Standpunkt, den er in seinem übrigens ausgezeichneten Werke einnimmt, mitunter zu exclusiv lettisch, so dass nicht einmal auf das litauische immer die gehörige Rücksicht genommen wird, wo bekanntlich verba causativa sehr häufig mit

[1] Zur Geschichte der deut. Sprache 202.
[2] a. a. O. 208.
[3] Aussprache und Vocalismus, II Aufl. I, 818.
[4] Indogerm. Chrestomathie 376.
[5] Pott's Etym. Forschungen I. 187.
[6] Lett. Sprache I, 404.

dem consonantischem Element d im Stammesauslaut versehen sind,[1] welches so wohl von Pott[2] als von Schleicher[3] mit der Wurzel d e (griech. θ ε) in Zusammenhang gebracht worden ist. Ueberdiess kennt das litauische auch eine Imperfectform auf d a-v a u[4] und ein Particip auf d a m a s[5], deren Ursprung von den Sprachforschern ebenfalls aus dem Verbalstamm d e hergeleitet wird. Es unterliegt also keinem Zweifel, dass in der litauischen und lettischen Sprache die auxiliare Anwendung der Wurzel d e zur Bildung einiger Verbalformen wirklich vorkommt.

Auch den östlichen Ariern sind derartige Verbalbildungen nicht unbekannt geblieben, wenigstens im Zend ist diese Art der Zusammensetzung ziemlich häufig anzutreffen. Spiegel hebt diese Eigenthümlichkeit des altbactrischen als ein Zeichen der beginnenden Formenauflösung hervor[6]; Justi[7] führt mehrere derart mit d ā zusammengesetzten Wurzeln an.

§ 35. Man sieht also, dass einige der Hauptsprachen des west- und ostarischen Sprachgebietes sehr mannigfach die Wurzel d e zur Bildung neuer Verbalformen anwenden; im altbaktrischen, griechischen, germanischen und lito-lettischen, ja eventuell selbst im lateinischen, kehrt dieses Hilfsmittel wieder. Nach diesen Voraussetzungen sollte man schon im vornhinein erwarten, dass auch der slavische Sprachzweig irgend welche Spur einer derartigen Formbildung zeigen werde. Und wirklich gibt es einige Verba im slavischen, die den Consonanten d im Stammesauslaut enthalten, welcher nach der Vergleichung mit den verwandten Sprachen als nichtwurzelhaft sich herausstellt. Diese Verba sind: i d ą (eo), j a d ą (in Zusammensetzungen: p o j a d ą, p r ê j a d ą: equo vehi, transvehi) und b ą d ą (fio.)

[1] Schleicher lit. gr. § 73.
[2] Et. Forsch. II² 475.
[3] Comp. d. verg. Gr. 2 Auf. § 213.
[4] Schleicher lit. gr. § 106.
[5] a. a. O. §. 35.
[6] Beiträge II, 37.
[7] Justi Handbuch der Zend. 366 § 117.

Daraus, dass im Infinitiv nur die reine Wurzel sich erhalten hat (so i bei i-t i), schliesst Miklosich [1] „dass d nicht, wie andere dafürhalten, mit der Wurzel d h â (д ѣ) zusammenhänge, sondern wirklich zur Beseitigung des Hiatus eingeschaltet sei." Allein darin, dass dem Infinitiv i-t i, b y-t i die reine Wurzel zu Grunde liegt, während das Praesens eine Stammesverstärkung mittels d enthält kann ich noch immer keinen Beweis finden, dass jenes d blos zur Beseitigung des Hiatus wäre eingeschaltet worden. Mir scheint es, um zu wiederholtem Male darauf zurückzukommen, die Form des Infinitivs in keinem so engen Zusammenhang mit den übrigen Formen des Verbums zu stehen, dass wir berechtigt wären solche Schlüsse zu ziehen. Der Entwickelungsgang der slavischen Sprachen liefert uns genug Beispiele eines selbständigen und von dem übrigen Verbum getrennten Lebens der Infinitivform; ja sie kann sogar gänzlich zu Grunde gehen, wie im neubulgarischen, ohne die übrigen Verbalformen merklich zu afficiren. Erst in den neueren Sprachperioden werden immer häufiger die Fälle, wo die Form des Infinitivs der Analogie des Praesens folgt. [2] Dieser Umstand, dass die Analogie des Praesens auf den Infinitiv rückwirkend sich bethätigte, mag zum Beweis dienen, dass beide Formen ursprünglich in keinem zu engen Zusammenhang standen, wie wir sie uns heute vorstellen.

Uebrigens so viel muss zugegeben werden, dass wenn wir d in i d ą, i d e š i, i d e t ъ etc. auf die Wurzel d e (θ ε) zurückführen, in der allgemeinen Bedeutung des Bethätigens „ich thue gehen", so ist diese Hinzufügung des mit der Wurzel d e zusammenhängenden

[1] Formenlehre § 136
[2] Dies findet auch beim Verbum i-t i statt, dessen Infinitiv in einigen slav. Dialecten nach der Analogie des Praesens sich gestaltete. So lautet im russischen Infinitiv heutzutage i d t i oder i t t i, wozu Buslaevъ (Gram. 79.) die richtige Bemerkung macht, dass in Folge später Entstehung dieser unorganischen Sprachform auch der Uebergang von d vor t in s ausgeblieben sei. Wenn er jedoch an einer anderen Stelle seiner Grammatik (p. 95) behauptet, die Infinitivform i d t ı (i t t ı) sei nicht von Praesens gebildet worden, sondern es sei dies eine Verstärkung der alten Form i t i mit Hilfe der Verdoppelung des t, welches später in d übergegangen, so kann ich ihm durchaus nicht beipflichten; ja ich

d in jenen weiten, nicht auf ein einzelnes Tempus beschränkten Grenzen zu fassen, wie etwa im griechischen die Einschaltung des θ bei den Verben: κνήθω νήθω, σήθω, πύθω etz.

§ 36. i-ti : i-d ą. Im litauischen und lettischen kommt bei diesem Verbum keine Einschaltung des d vor. Im lit. lautet nemlich Infinitiv e i t i, Praesens: e i m ì, e i s ì, e í t i (e í t); e í m e, e í s t e (mit uberflüssigem s); e í v a. Statt dieser vocalischen Formen wird aber auch ein durch n verstärktes Praesens, wie bei den Verben der III Classe gebraucht, also: statt e i m i (im slavischen wäre es im ъ!) lautet 1pers. Praes. e i n ù (im slavischen wäre e s i n ą, vrg. d v i g n ą neben d v i g ą), oder endlich nach der V Classe mit hinzugefügtem Dental: e i t u. Im lettischen lautet das gewöhnliche Praesens e i m u oder î m u (selten e i j u), als hätten wir im slavischen i m ą, also die Personalendung doppelt genommen; 2 Pers. e i j (d. h. e i-i), 3 Pers. î t; plur. e i m a, oder mit doppelter Personalendung e i m a m, und auch e i j a m, endlich selbst î t a m (man vergl. das litauische e i t u); e i t a, doppelt e i t a t, oder e i j a t (auch e i j î t): 3 Pers. plur. gleicht dem sing. [1]

Nach der Ansicht vieler Sprachforscher, zuletzt Scherer's, [2] soll diese Eigenthümlichkeit des slavischen i-d ą, i-d ê a h ъ, i-d o h ъ, i-d ъ auch das vielfach zu erklären versuchte aber bis jetzt unerklärt gebliebene gothische Perfect i d d j a theilen. Eine Zusammenstellung aller bisherigen Erklärungsversuche findet man bei Scherer

finde sogar diese seine Behauptung im Widerspruch mit der auf p. 197 richtig angegebenen Bemerkung, wornach wirklich die unorganische Infinitivform i d t ì (ittì) nach der Analogie des Praesens sich entwickelt hätte. — Im polnischen lautete der Infinitiv ursprünglich i ć, o d i ć, p r z y ć *(Mikl. form. p. 497)*, jezt nur i ś ć, ebenfalls unter Einfluss des Praesens entstanden. Denselben Fall bietet uns das serbische, namentlich im Dialecte Crnagora's, wo gleichfalls Infinitiv i s t i lautet, z. B.: mogu ist'- inako ti bózna besjede ne znavam *jakš. jelis. 6*, na noge se obisti ne može *lažni car 156*, mož obisti kad što hoćes pričat *vijen 97*.

[1] Vergl. Bielenstein lett. Spr. II § 405—422.
[2] Zur Gesch. d. d. Spr. 205.

(p. 204 sub *) angegeben. L. Meyer vermochte nichts neues hinzuzufügen *(goth. Spr. § 121 u. 139.)*.

§ 37. j a d ą. Das zweite Verbum j a d (wurzelhaft nur j a, entsprechend dem altindischen j ā, sonst wahrscheinlich identisch mit der Wurzel i) ist in so weit merkwürdig, als ihm im litauischen und lettischen doppelte Formen gegenüberstehen, mit und ohne d. Im lit. j ó t i praes. j o j u, aor. j o j a u (equo vehi), als fraequentativum davon: j o d y t i praes. j o d a u, aor. j o d ź a u. [1] Im lettischen j a t, praes. aor. j a j u; als fraequent. j á d i t (hin und her reiten oder stark reiten);[2] als causativum j á d i n á t (reiten lassen); endlich ein deminutives frequentativum j a d e l é t (umherjackern.) Gegenüber diesen doppelten Formen des lito-lettischen existirt im slavischen ein einziger Verbalstamm j a d, dessen einzelne Formen bei Miklosich[3] aufgezählt sind; man vergleiche den mit Praepositionen zusammengesetzten Stamm: v ь z ъ ê d, v ъ j a d, p o j a d, p r i j a d, p r ê j a d. Im altslovenischen ist kein Infinitiv dieses Stammes nachzuweisen, sondern man bedient sich des verstärkten Stammes j a h, j a h a-t i; eben so im russischen. Dagegen lebt im čechischen noch Infinitiv j e t i (praes. j e d u), z. B. na lodí jeti (zu Schiffe fahren), na voze jeti (auf einem Wagen fahren); im lausitz-serbischen j ě ć praes. j ě d u, in Zusammensetzungen: d o-j ě ć, p o j ě ć, p ř e j ě ć, p ř i j ě ć. Altsloven. Stamm j a d setzt reine Wurzel j a voraus, welche zu j a h (и х) verstärkt oder determinirt werden kann so wie W. ą zu ą h, d u zu d y h, s l u zu s l y h, m a zu m a h, v ê zu v ê h (v i h), z ê zu z ê h, s m i oder s m ê zu s m ê h, s p i oder s p ê zu s p ê h.

Vergleicht man j a d mit j a z d i t i (j a ž d ą, j a z d i š i), so scheint dieselbe Determination d doppelt angewendet worden zu sein. Diese Form erinnert uns an das lettische fraequentativum j a d i t. so wie an litauische Verba auf d y t i. Dem altindischen j â gegenüber besitzt also das slavische einen dreifachen Verbalstamm: j a d, j a h a

---
[1] Schleicher lit. gr. §. 243, Donal. 207.
[2] Bielenstein let. Spr. I 366, 432, 425, 411.
[3] Mikl. lex. s. v. jad. p. 1143.

und j a z d i. So wenig als man dem gutturalen Consonanten h in
j a h blos euphonischen Werth wird zuschreiben wollen, eben so
unbegründet wäre es, den dentalen Consonanten d in j a d zur Be-
deutungslosigkeit einer blos enphonischen Einschaltung herabzu-
drücken. [1]

§ 38. b y-t i : b ą d ą. Dem altindischen b h u, griechischen φυ,
lateinischen f u (in f u-a m, f u-i) entspricht ganz regelrecht das alt-
slavische b y (y als Vertreter des gewöhnlichen u, indem das altslovenische keinen kurzen u-laut kennt). Wenn jedoch in Folge des
dentalen Zusatzes der Praesensstamm b ą d statt b y d lautet, so muss
diese Nasalverstärkung des Stammvocals als eine Art Steigerung
angesehen werden. So gut nemlich als s ą š t i im Nominativ von
s ą oder s ę zu s y abgeschwächt wurde, eben so durfte die Sprache
auch in entgegengesetzter Richtung b y d zu b ą d steigern. Auch
im lettischen tritt unter ähnlichen Umständen eine Vocalsteige-
rung ein: aus w i r t (Infinitiv) entsteht das Praesens w e r d u, aus
d z i m t : d z e m d é t, aus g r i m t : g r e m d é t, aus d i l t : d e l d é t,
aus d z i t : d z î d é t, aus b i t î s : b î d e t, aus s k r î t : s k r a i d i t,
aus s m î t : s m a i d i t etc.

Wenn es uns etwa unwahrscheinlich vorkäme, dass die slavische Sprache von dieser Verbalstammverstärkung, die in verwandten Sprachen weite Grenzen hat, nur die drei [2] angeführten

[1] Neben i d ą und j a d ą kann das slavische noch ein drittes Verbum
der Bewegung aufweisen, dessen Stamm auf d auslautet: g r ę d ą
(gradior). Die Zusammenstellung der slav. W. g r ę d oder eigentlich
g r e n (ohne Verstärkung mittelst d) mit der altind. W. k r a m, wie sie
von Corssen *(ausspr.* [2] *809)* und L. Meyer *(got. Spr.* § *27)* versucht
wurde, kann ich keineswegs billigen; aber noch weniger könnte ich
der Ableitung Ficks von der W. g a r d h beipflichten. Miklosich vergleicht das angelsächs. g r i n d a n (wozu *zeitschr. XVIII, 313* das lat.
f r e n d e r e verglichen wird) und ich erlaube mir noch das lit. g r e n d u -
g r ę s t i (streifen, schinden) aus *Nesselm. 269* anzuführen. Die Bedeutungen sind nicht so weit auseinander, dass Zusammenstellung uner-
laubt wäre.

[2] Es wäre noch ein viertes Verbum anzuführen; welches nach der
Ansicht mancher Sprachforscher, z. B. Pott's, dergleichen dentale Wur-

Beispiele aufweisen kann, so müssen wir bedenken, dass derlei Fälle einer sehr ungleichen Vertretung gar nicht selten im sprachlichen Leben vorkommen; ja wir finden treffende Analogie dazu in einer anderen Praesensbildung, die im litauischen und lettischen zahlreich vertreten, im slavischen ein einziges ähnliches Verbum erhalten oder entwickelt hat: ich meine die aus dem griechischen wohl bekannte Praesensverstärkung mittelst t, die im litauischen und lettischen gar nicht selten ist, dagegen im slavischen beim einzigen Verbum r a s t i praes. r a s t ą stattfindet.[1]

§ 39. Einige unter den heutigen slavischen Sprachen, wie die kroatische oder serbische und neubulgarische, haben die Hinzufügung des Consonanten d an die vocalisch auslautenden Verbalstämme über viele Verba ausgedehnt. Statt z n a sagt der Kroate und Serbe heutzutage sehr häufig mit einer gewissen Emphase z n a d e, statt i m a : i m a d e, statt s t a fast immer s t a d e etc. Diese

zelverstärkung enthält: das ist v l a s t i-v l a d ą, lit. v a l d a ú-v a l d ý t i, got. v a l d a n. Pott *(et. Forsch. II, 3, 623)* erwähnt bei dieser unzweifelhaft identischen Wortgruppe ausdrücklich, dass sie von der W. v a l ausgehe und dass zur W. v a l die Verstärkung mittelst d (eigentlich d h) hinzugekommen sei; L. Meyer vergleicht blos im allgemeinen das got. v a l d a n mit dem lat. v a l e r e *(goth. Spr. § 321)*; vrgl. auch *Ebel beiträg. II, 172*. Sollte diese Zusammenstellung und Erklärung auch stichhaltig sein — ganz sicher kann man sie nicht nennen, obwohl auch Šafaŕíks Ableitung dieses Verbums von v l a-d ě j ą d. h. v o l j ą d ě j ą *(sebrané spisy III 529)* so ziemlich auf dasselbe herauskommt — so ist dennoch das Verbum v l a s t i-v l a d ą ganz verschiedenartig von den drei im Text angeführten Verbalstämmen; die Verschiedenheit selbst springt Jedermann in die Augen. — Ebenso müsste nach der gewöhnlichen Erklärung m ą d r ъ, welches von der W. m ą d abgeleitet wird, in d eine Wurzelerweiterung enthalten, deren Ursprung verbaler Natur ist. Vergl. meine Abhandlung „*Podmladjena Vokalizacija*" *p. 38—39* und Šafaŕík's *sebr. spisy III, p. 533 nota 4*.

[1] Vergl. Beiträge VI, 392. Vielleicht könnte man ein zweites Beispiel im kroatisch-serb. Verbum g r s t i t i s e (auch g r u s t i t i s e) vermuthen, wenn man es mit dem litauischen g r i s t i (W. g r i s) praes. g r i s t ù zusammenstellt. Der etymologische Ursprung der Wurzel ist noch dunkel; vielleicht gehört auch das deutsche Substantiv g a r s t, wovon g a r s t i g, hieher; vergl. *Schade's Wörterbuch 168.*

*

mit d verstärkten Formen sind von einigen Sprachforschern mit den drei oben angeführten Verben: idą, jadą, bądą in Zusammenhang gebracht worden, so namentlich von Hattala.[1] Die Analogie ist scheinbar ganz treffend und ich gestehe anfangs, bevor ich den so nahe liegenden Zusammenhang näher geprüft habe, ganz derselben Ansicht gewesen zu sein; ja ich muss noch weiter gehen und bekennen, dass mich gerade diese so merkwürdige Erscheinung meiner Muttersprache dazu bestimmte, die slavische Wurzel d e zum Gegenstande einer speciellen Abhandlung zu wählen. Ich hoffte eben dadurch zur Erklärung jener Erscheinung zu gelangen, was auch geschah, nur in einem ganz anderen Sinne, als ich es anfangs vermuthete. Denn wenn man alle Perioden der kroatischen (serbischen) Sprache, von der ältesten bis zur jüngsten, zu Hilfe nimmt, so kann auf dem sprachgeschichtlichen Wege klar und zweifellos nachgewiesen werden, dass die mit d verstärkten Verbalformen der heutigen kroatischen (serbischen) und neubulgarischen Sprache mit der ursprünglichen Bedeutung des d in idą, jadą, bądą gar nichts gemein haben, und in keinem genetischen Zusammenhang mit diesen Verben stehen.

Jene heutzutage so vielfach gebrauchten Verbalformen der kroatischen Sprache sind zunächst ziemlich neuen Datums, sie kommen in der ältesten Sprache noch gar nicht vor; erst im 17 Jahrhundert tauchen sie in mässiger Anzahl auf. Ferner nicht nur dass man es nicht beweisen kann, dass die Analogie jener drei Verba idą jadą bądą auf die Entwickelung der in Rede stehenden Formen irgend welchen Einfluss gehabt hätte, sondern man kann im Gegentheil den Beweis führen, dass anfänglich (im 17 Jahrhundert) die kroatische Sprache nur in den beiden Verben z u a t i und i m a t i, und zwar hauptsächlich in der 3pers. sing. des Praesens, jene mit d verstärkte Form anwendete. Endlich ist es mehr als wahrscheinlich, ja man kann es als gewiss annehmen, dass bei der Entwickelung dieser neuen kroatischen Praesensform die Analogie des Verbums d a t i mitwirkte. Die Geschichte der kroatisch-

---

[2] De contig. consonant. Mutatatione p. 11 an. 24.

serbischen Sprache weist nemlich unzweideutig nach, dass dieser heutzutage namentlich dialectisch ungemein ausgebreitete Gebrauch der mit d verstärkten Verbalformen von einigen wenigen Verben ausgegangen sei und dass auch diese wenigen Formen unter dem Einfluss des d a t i sich entwickelt haben.

Bei dem Verbum d a t i selbst nahm bereits sehr früh in der 3pers. plur. die Form d a d u statt d a d e (altbulg. d a d ę t ь) überhand, und diesem d a d u entsprechend entwickelte sich alsogleich die 3 pers. sing. aus d a zu d a d e. Nachdem aber einmal die beiden 3 pers., sing. und plur., in der neu entwickelten Form sich festgesetzt, als d a d u und d a d e, bildete sich nach und nach das ganze Praesens in derselben Richtung aus, nemlich: d a d e m, d a d e š, d a d e; d a d e m o, d a d e t e, d a d u; ja diese neue Formation drang selbst in anderen Zeiten durch, so: d a d o h statt d a h. [1]

§ 40. Zur Bekräftigung dessen, was ich hier auf Grundlage der durchforschten alten Sprachdenkmäler als Thesen aufstellte, will ich einige Beispiele aus der Sprache selbst anführen, und zwar zuerst über das Verbum d a t i und seine Praesensformen. In den altserb. Denkmälern liest man: tazi župa da da krivьce volja da plati *mon. serb, 16*, i što daa (d. h. dâ) dubrovčaninъ srъbinu *ib. 208*, gegenüber: da ihь podade človêku kralevьstva mi *mon. serb. 108*, da otъ togaj dohotka rečenoga namъ ništare ne dadu *ib. 232*; da dade osudъ gospodinu banu *ib, 102* neben: da da gospodinъ banъ rokъ *ib*. Man ersieht daraus, dass die beiden Formen d a d u und d a d e sehr früh überhand genommen haben; dagegen bleibt noch

---

[1] Aenlichen Entwickeluugsgang nahm auch das Verbum j a s t i. Auch bei diesem Verbum sind in der älteren Sprache nur die regelmässigen Formen j i m, j i š, j i (gegen j a m ь, j a s i, j a s t ь) gebräuchlich, während späterhin das Praesens j e d e m, j e d e š, j e d e, überhand nahm. Auch hier war die 3pers. plur. von entscheidendem Einfluss auf das ganze neuartige Praesens; denn die übrigen Personen folgten der Analogie der 3pers. plur., welche j e d u (i j e d u) lautete. Vergleiche *marul. 10*: vele me grize i ji; *mar. držić (dubr. I, 429)*: gdje kuljene i djevenice ije; ijem a lačan sam *ib. 437*, a mi ijemo a sve smo lačniji *ibid.*, tko plaho ije, udavi se *ib. 438*, gdje se žabe i spuži ijedu *ib. 509*.

Aorist d a d o h weit zurück, z. B. in derselben Urkunde, vom Jahre 1438 *(mon. serb. 391)*, wo statt d a immer d a d e gebraucht wird, liest man den Aoristus noch immer: d a h, d a š e. Im Aorist beginnt die neue Form mit der 3pers. sing.; ich fand die Form p o d a d e in *prol. radosl.* vom Jahre 1370 *fol.* 53^6: sь vьsakoju radostiju podade glavu kь mьčju.

Im Evangelistarium Ranjinas, einer ausgezeichneten Handschrift aus dem Jahre 1508, kommen von demselben Verbum d a t i sonst lauter regelmässige Formen vor, so : ovaj sva tebje dam, ako padši pokloniš se menje *42*, i slavljahu boga ki da vlast takovu človjeku *165*^{b}, kad lačan bjeh i daste menje jesti *42*^{b}, što hoćete dati meni da ja vam njega pridam *90*, blagoslovi i razlomi i da učenikom svojiem *90*, hvalu uzda i da njim *90*^{b}, i daše mu piti ocat *93*^{b}; nur die 3pers. plur. lautet bereits d a d u : pridadu ga ljudem i porugan bude *37*. Aber ausser d a d u [1] (statt d a d e) findet sich weder in dem genannten Evangelistarium noch sonst in den gleichzeitigen Sprachdenkmälern, sei es Prosa sei es Poesie, irgend welche weitere Praesensform, worin die Verstärkung mittelst des Consonanten d enthalten wäre; ja selbst die bald darauf aufkommenden Verba z n a t i und i m a t i haben in dieser ersten Periode blos Formen ohne d. Bei den ragusäischen Dichtern des 15—16 Jahrhundertes würde man vergeblich nach den Beispielen wie z n a d e, z n a d u etc. suchen. Im 17 Jahrhunderte mögen derlei Formen im sprachlichen Leben bereits bekannt gewesen sein, doch der elegante Stil Ragusa's verschmähte sie in der dichterischen Sprache anzuwenden. Aus der übrigen Literatur des 17 Jahrhundertes stelle ich folgende Beispiele zusammen:

Kašić život: poznade *8*, spoznade *53*, poznadu *25*, ne znadući *88*, ne znadiahote *21, 97*; *Baraković gjarula:* znadući *34*, znadiše *25*, znadihu *22, 26, 139*; *Vitaljić psalmi*: znademo *260*, znade

---

[1] An zwei Stellen fand ich noch in diesem Evangelistarium die alte 3pers. plur. d a d e: da njega na smrt izdade *92* (ut eum morti traderent) und: i vinograd pridan druziem težakom, koji dade njemu dohodak voća u brieme svoje *56* (qui reddant ei fructus temporibus suis.)

480; *Radovčić:* znadu se *8,* znadući *12; Ivanišević:* poznadu *125; Posilović:* znadieše *789; Zanoti:* znade *50,* znadiše *26,* dade *26.*

Wie aus dieser Zusammenstellung ersichtlich ist, war die Anwendung des Consonanten d zur Verstärkung der Verbalformen im 17 Jahrhunderte beinahe ausschliesslich auf das Verbum znati (natürlich neben dati) beschränkt. Die Einwirkung des einen Verbums auf das andere wurde durch den äusseren Gleichklang (Einsylbigkeit, gleicher Wurzelvocal) gefördert.

Im 18. Jahrhunderte erweiterte sich der Gebrauch jener Formen über mehrere Verba, wie aus folgender Beispielsammlung erhellt.

Dellabella beside: znadu *19,* znadiaše *20, 46,* imade *50,* imadu *24,* imadući *177,* imadjahu *21,* umidu *40,* razumidu *41; Grgić nauk krst.:* ne razumiedu *8, 9; Kačić razgov. ugodni:* imade *4,* imadiše *129,* imadihu *5, 23,* imadem *104,* imadoše *105, 112,* ne imadeš *338,* imadući *31,* ne imadu *111,* znadu *1,* znadiše *123, 124,* znadem *336,* ne smide *20, 113,* ne smidoše *24,* ne smidući *130,* umide *111,* stade *7, 119,* ostadoše *5,* valjadiše *22, 329; Margetić:* ne znadući *1, 99, 116,* znade *119,* znadu *120,* znadiaše *99, 126,* imade *10, 11, 12,* imadiaše *3, 9, 13, 124,* umidijahu *104,* valjadijaše *104; Relković sat.:* dadeš-znadeš *112,* valjade *65. 117,* imadeš-znadeš *73,* ne znado' - ne imado' *56,* znadem *42, 56, 57,* podadem *44,* imade *41,* znade *55, 67,* znadu *131,* stade *51, 64,* ostade *77,* imadete *71,* znadete *39,* poznadoše *80,* valjadu *38,* rastadosmo - sastadosmo *93; Došen užd.:* postade, znade, imade *189,* ostade *192,* zaostade *196; Zaničić:* znadem, poznademo, znadeš, ne stade, ne dostade, stadoše, imadoše, imadiaše, ne mogadija' *233,* ne mogadia'u *123,* ne mogadiasmo *110,* moradiaše *241,* mogadiaše *4, 21, 107, 118; Pavić evang.* neben den bereits belegten Formen noch: uzmlide *105,* mlidja'u *164* etc.

§ 41. In der neueren kroatischen Sprache kommen solche Formen immer häufiger vor, mitunter stark complicirt. So liest man in der Sprache der Nationaldichtung: dok umjedne sobom okrenuti *petr. 157,* dok mogudne konja uzjahati *ib. 166;* kad bidoše (statt biše) na gornje planine *ib. III, 29.* Oder in dem Dialecte

Montenegro's (Crnagora): da ga šćenu (statt šćednu) Turci pogubiti *dika crnog. 44*, i reć ti šćadijah *jakš. jelis. 5*; als Imperativ: znadi: čisto znadi oče igumane *lažni car 10*, znadi čisto čestiti većile *ib. 168*; sed oče prosti reč ti uzedoh *jakš. jelis. 41*, kako htedoste, kako smedoste za izdajnika toga moliti *ib. 71.* Vergleiche noch: vladika ne šćedne na to pristati *dubr. II, 152*; pak izagjedni čarapom o lješini *ib. 130*; naši muški ne razumijedu neke stvari *dubr. II, 238*; a niko ti ne umjede reć *jakš. 197*, ja se bogu i ne umedoh više ni za što moliti *vila I, 74*; na to Vidosava uzede za ruku Cvijetu *nov. starine 21*, jer valjade topuzinu ponijeti *ib. 32*, kad tamo dospjedoh hotimice *ib. 47*, a kako će svjerovati krstu što obećadu *ib. 79* etc.

Hieher gehören die oben berührten Formen: odjede, odjedosmo etc.; oder im Imperativ djedi (odjedi, zadjedi): ti zadjedi u sargiju ćordu *petr. III, 58*; ja sogar participiell zadjeden: a u sred nje zadjedena grančica masline *dubr. I, 169*.

Im Osten des serbischen Sprachgebietes hatte namentlich die 3pers. plur. stark zu leiden, indem die Sprache fast ohne Unterschied bei allen Verben den Auslaut u vorzog und desshalb zur Bildung dieser unorganischen Personalendung den Consonanten d zu Hilfe nahm. Es soll beispielshalber aus den Dichtungen eines heutigen serbischen Volkssängers, des blinden Jeremija Karadžić, folgende Blumenlese zusammengestellt sein: činidu *7*, radidu-činidu *24*, mislidu *11*, odlazidu *13*, prkosidu *22*, pokoridu *24*, kitidu *24*, ostavidu *28*, provolidu *77*, branidu *85*; sogar: skinedu *11*, provededu *17*, udjedu *28* etc. In der Art werden heutzutage Nationallieder von den banater Serben gesungen: Ala naši dugo večeradu mome diki noge odpadadu *bačv. pj. 7*, al mi naši ružnu namećedu *15*, al' nesmedu noćom da idedu *17*, čuli naši, ćućedu i vaši *58*, zlotvori nam dobro ne mislidu, već mislidu da nas omrazidu *66*, za to mene voledu devojke *67*; diku ženu mene ne ištedu, je l' ne smedu, je l' me ne voledu *banat. pj. 20*, kad pogledu, same me zovedu *ib. 34*. Es sind dies zwar lauter Beispiele eines verdorbenen Volksdialectes, sie erläutern uns aber die Richtung, in welcher die

Sprache mit der Zeit dem Verderbniss einzelner grammatischer Formen entgegengeht.

§ 42. Im neubulgarischen zeigt gleichfalls zunächst das Verbum d a t i Formen mit d , wo ursprünglich , im altbulgarischen, dies nicht der Fall war : i mu dade golema pešteža *milad. 181*, stanala Dimka Dimana nožove da mu podade *ib. 186*, ti se moljamъ, da mi dadešъ, da mi dadešъ ostra sabja *ib. 168*, ne'esta ta tie imъ dado'e *ib. 183*, iska ja, dadoha mu ja *ib. 186*, za što imъ è sestra ne dadofte *ib. 219*; 3pers. plur. lautet d a d a t ъ : da mi dadatъ Praskovъčene *ib. 9*; 1pers. sing. d a m ъ (d a a m ъ) und d a d a m ъ : ke mu dadamъ gora kamenica, ke mu dadamъ vъ Bosna Saraevo, ke mu dadamъ 'se-ta Bosna kъrvava *ib. 207*, ke ti dadamъ tenkà rizà *ib. 497*.

Auch beim Verbum j a s t i (j a m ь) findet man Formen mit d in überwiegender Anzahl : deka jade ciro êgne *milad. 161*, Marko seditъ na ladna me'ana, jaditъ, pietъ *ib. 181*, da si jadišъ, moja sestro *ib. 199*, izmetъ ke ti čina, 'lêbo-to da ti jadamъ *ib. 261*.

Nichts ist aber häufiger als die Form z e d e von dem altbulgaschen Verbum v ъ z ę t i : i si stana mlada karčmarica i si zede sabja *milad. 155*, i mu zede gla'a otъ ramena *ib.*, so sebe-si zede lična moma *ib. 160*, i si zede svoja bъrza konja *ib. 175*, sъrca zede, junakъ go osta'i *ib. 177*. Aber auch im Pluralis : si zedo'e Sekula detence *ib, 183, 203, 206* ; otido'a i si jà zedo'e *ib. 18*, auch z e d o'a (d. h. z e d o h a) : sè zedo'a, otido'a *ib. 23*; 1pers. kako sè sakahme, taka sè zedohme *ib. 259*. Merkwürdig ist im Singular 3pers. die Form z e d e'a : è zede'a devojka, è odnese dur' doma *milad. 490*. Als Particip. praes. pass. existirt die Form : z e d e n ъ : tie dni sè zedeni otъ Aprilja *milad. 523*.